ケズィック・コンベンション説教集 2020

神の愛に満たされて

Overflowing Love of God

ALL ONE IN CHRIST JESUS

日本ケズィック・コンベンション

表紙デザイン：ロゴスデザイン　長尾優

序文　すばらしい説教集の決定版

日本キリスト教団新宿西教会牧師　**深谷春男**

毎年ケズィック・コンベンションの説教集が出ます。これは英国でも「Year Book」と呼ばれ、多くの方々に読み継がれました。わが日本においても、高い霊的格調と庶民性とをあわせもった説教集が、多くの方々に愛されてきました。

その中でも、わたしは今年の説教集がとても充実した圧巻であると感動をもって読みました。これはこの説教集の序文を頼まれたという責任もありましたが、ていねいに一つ一つの説教を読み、メモを取って行く中で、講師の説教のスタイルやそれぞれの説教の構造を分析してみました。その導入部分、その中心部分の主題の提示、釈義の深さ、神学内容の鋭い洞察、適切な実例や体験や譬え、ユーモアなどを意識しつつ、この17の説教を読ませていただきました。これは時間もかかりましたが、神学生時代に説教学の時間にした説教分析作業の時を思いだしつつ、楽しみと充実の時でした。

ここには、現在の英国ケズィック・コンベンションの若き前委員長、ジョン・リスブリッジャー先生の5つの説教。マタイ福音書5～7章の「山上の説教」3つ、そして他の2つの説教。紙数の関係ですべてが網羅されているわけではないのですが、山上の説教では、八福の教えに始まり、新しい人生へのインパクト「地の塩世の光」、律法学者に勝る義について、殺すなかれ、敵をも愛する愛、姦淫について等の戒めについて、具体的な英国の状況などを通して語ってくださり、興味深く読みました。テンポの速さと切り口の鋭さに感銘を受けました。

また、今回の説教集には、米国のホーリネス陣営の重鎮、ジョン・オズワルト先生の4つの説教が載っております。これは大変貴重なものです。米国の神学校の学長として、また世界中の聖会を導いてこられた代表的なホーリネス・プリーチャーとして先生の珠玉の名篇と思いつつ読みました。聖会Ⅰ～聖会Ⅲは、今までの80歳に至るまでの奉仕の粋を集めたような内容で、実に示唆に富む決定版のようなメッセージでした。また先生は旧約学の教授でもあられますが、聖会Ⅰは「旧約聖書における潔き生涯への招き」、聖会Ⅱは「聖なる神の民となるための4つのステップ」、さらに聖会Ⅲでは、「内住の神」の主題のもと、出エジプト、ヨハネ福音書、エペソ書を引用して話されました。この3つの珠玉の聖会説教だけでも購入に価するものだと思いました。

さらにこの説教集では日本人講師が千代崎 備道先生、横田法路先生、鎌野善三先生、錦織 寛先生が登場。それぞれ長い伝道牧会の体験者で、各教団のリーダー。ご自分の救いの体験や、神様に深く取り扱われた体験をユーモアを交えて、充実した講解説教をされました。同期の説教者として大変興味深いものでした。

さらに、スティーブ・ブレディ先生のヨセフ物語。またオズワルト先生の「神に仕えることの危うさ」は不思議な構造を持った説教で興味はつきません。「ホーリネスなんてつまらないなどと言う人は、それをみたことのない人です。もし本物をみたら、欲しくてたまらなくなるのです」（CSルイス）。

教職の皆さんは霊的な養いのために、信徒の皆さんは霊的祝福のために、またご自分の教会の牧師先生へのプレゼントにお用いになるのはいかがでしょうか。

2020年10月

神の愛に満たされて

Overflowing Love of God

目次

〈バイブル・リーディング―〉

天の国の価値観とインパクト

ジョン・リスブリッジャー

マタイによる福音書 5章1～16節

こんにちは。この場所に神の霊が働いて祝福が注がれるように祈ります。山上の説教の中でイエスは天の国について8回語られました。私たちが神の国のインパクト（影響）を受け、神の御支配が私たちの生活の中に入るとき、私たちの生き方はどのように変わるのでしょうか。もちろん山上の説教に語られている基準は非常に高いもので、私たちがそれを全部実現しようとしても自力ではできません。このように生きなければならないと願うとき、十字架の赦しを求める心になります。しかし神の国に関する説教は、ただ単に神の恵みと赦しで終わるものではありません。聖霊が私たちを変えてくださるからです。一人で戦うのではなく、聖霊が共に働いてくださるのです。そして私たちの生き方がイエスの美しさを映し出すような生き方になると信じます。

神の国の価値観

まず山上の説教の「8つの幸い」から、神の国の価値観について見てみましょう。「心の貧しい人々は、幸いである」と書かれています。幸せでない人が幸せということになるのでしょうか。説明が最後についています。「天の国はその人たちのものである」（マタイによる福音書5章3節）と。神が私たちのために天国に居場所を約束してくださっているのです。この約束は、8番目の幸い（10節）にも出てきます。最初と最後に同じ約束をイエスは語られました。その間にはまだ6つの幸いがあり、それぞれに約束があります。4節⇓悲しむ時に慰められる。5節⇓この地にあって新しく創り変えられる。6節⇓神の義が私たちを通して現れていく。7節⇓神からの豊かな憐れみが与えられる。8節⇓神と顔と顔を合わせるような親しい交わりの約束。9節⇓神の家族の一員となる約束。これらは、我々が天の国の市民となる時に与えられる様々な祝福の約束です。

あなたの生活の中に実際にそれらの祝福は届いているでしょうか。また天の国において私たちが報いとして受ける生活とはどのような生活なのでしょうか。「心の貧しい人」は、私の人生にはイエスの十字架が必要で、自分の努力では神が求める基準に到達できないことを知っている人です。だから神の霊によって新しく造り変えられることが必要だと感じている人々が、心の貧しい人々なのです。

4節の「悲しむ人」とは、弱い人が虐げられていることを見て嘆き悲しんだり、神が造られた被造物の美しさが壊されていくのを見て悲しむ人、また心が腐っていく姿を見て悲しむ人のことです。また5節の「柔和な人々」とは、この世において自分の権利を主張せず、本当の人生は天にあるということを知っている人という意味です。6節の「義に飢え渇く人々」とは自分の心の奥底にある罪との戦いに勝利しようとしている人々です。7節の「憐れみ深い人々」は、たとえ他の人が間違ったことをしてもブツブツ言わず、自分にも同じ欠点があることを知っていて、自分にも神の憐れみが必要だという人です。そして8節の「心の清い人々」は、自分の人生において何よりも神が必要で、神のような生き方をしたいと願う人のことです。9節の「平和を実現する人」とは、橋を架けていく人のことであり、人との和解を願い、さらには一人の人がイエス・キリストの十字架を通して神と和解することを願う人です。16節の「義のために迫害される人々」は、他人から受け入れられることよりも、神から受け入れられることを第一とする人々です。

「8つの幸い」は、後に続く深い山上の説教へ私たちを導くゲートウェイ（入口）です。イエスは単にこのような行いをしなさいというルールを挙げているのではなく、人の心がどのような状態なのかということに焦点を当てています。そしてどのような心を持った人が天の国のメッセージを受け取る人になるかを言っています。

あなたの心はどうなっていますか。自分は正しいと高ぶっているところがあるでしょうか。和解を自分から築き上げていく人になりたいという願いを持っておられるでしょうか。飢え渇きを持っていますか。個人的に主と出会いたいという願いを持っていますか。聖霊の力をもう一度体験したいですか。それならばまずこのチャレンジの言葉に耳を傾けましょう。

神の国のインパクト（影響力）

次は11節〜16節の「神の国のインパクト」というテーマに移ります。神の支配が私たちの心の中に入って来るとき、新しいものが生まれるはずです。私の友人で東ヨーロッパの最も貧しい国で事業をしている人がいます。彼はその国のクリスチャンが良い仕事に就く機会が持てるようにとビジネスをしています。彼の働きを神が豊かに祝福してくださり、彼のビジネスを通して６０００人以上の人が働けるような仕事を産み出しています。

また別の友人は、若者を自分の家のテーブル（食卓）に招いて一緒に食事をし、証しをして大きなインパクトを与えています。また別の友人は非常に霊に燃えたクリスチャンで、殺傷事件を起こすギャングのような人たちのためのミニストリーをしています。三人の友人たちは、それぞれが神から全く違った働きに召されています。三人になぜその働きをするのかと尋ねると、三人とも「イエス・キリストに対する信仰で行っているんだ」と答えました。もしあなたの生活に神の支配が及ぶならばこのようなインパクトは当然起こると期待してください。もちろん時には反対や迫害があるかもしれません。でもインパクトを与える者になりなさいというチャレンジだと思います。

イエスは二つのイメージを用いています。塩と光です。「あなたがたは地の塩です」とはどういうことでしょうか。ただ神の国の生き方を生きなさい、失ってはいけないということです。塩には大きく二つの役割があります。一つは防腐剤としての役割で、腐らないようにするという働きです。もう一つは味を良くするという働きです。クリスチャンの生活が社会の腐敗をとどめる働きに繋がるのです。不正行為や自己中心、不誠実や不真実、あるいは不義や社会の様々な悪を防ぐ役割が私たちにあるのではないでしょうか。言い換えると人々の人生をより良いものに変えるという働きです。私たちの人生に人を赦す心や喜びや笑い、他人を思いやる心、一致する心や謙遜な心が与えられていくのです。貧しい人が助けられ、絶望している人が希望を見出すようになり、社会から疎外されている人々が受け入れられる状況になり、生活の味が良くなる、それらは神の国が造り出す変化です。インパクトを持つためには自分自身がこの世とは違う生き方をしなければいけません。13節に「あなたがたは地の塩である。だが、塩に塩気がなくなれば、その塩は何によって塩味が付けられよう。もはや、何の役にも立たず、外に投げ捨てられ、人々に踏みつけられるだけである」とあります。もし私たちの生活がこの世の人々と変わりなく、クリスチャンとしての塩味を失ってしまったら何の役に立つのでしょうか。

第二のイメージは光です。イエスが「あなたがたは世の光です」と言われたのは、「光を輝かせなさい、隠してはだめ」ということです。二年前に私は、田舎から自分の家まで走って帰ったことがあります。問題はライトを持たずに走り始めたことでした。街灯があるから大丈夫だろうと思いましたが、実際は全く街灯のないところがあり本当に真っ暗で、それが三キロ程続きました。時々通る車のヘッドライトだけが頼りでした。光が照らすと自分の前がどうなっているのか見えたわけです。ライトを持たなかったことは愚かでした。

イエスは14節で、「あなたがたは世の光である。山の上にある町は、隠れることができない」と語っています。真っ暗な状態では、小さな灯りでも、危険か安全かの違いをもたらすほどの意味があります。15節には「また、ともし火をともして升の下に置く者はいない。燭台の上に置く。そうすれば、家の中のものすべてを照らすのである」とあります。私たちが価値あるものとなるためには光らなければいけません。教会の中で光が輝くことは良いことです。しかし、クリスチャンが教会の中にとどまっているだけでは本当に光を必要としている世の中には届きません。イエスは「あなたがたは教会の光です」とはおっしゃいませんでした。クリスチャンが教会という安全な場所にとどまっていては世の光にはなれません。恐れてはなりません。この世の価値観とは全く違う生き方をしてあなたは世の光として輝きなさい。16節に、「そのように、あなたがたの光を人々の前に輝かしなさい。人々が、あなたがたの立派な行いを見て、あなたがたの天の父をあがめるようになるためである」とあります。

私たちは光ですが、自分で光るのではなく映し出している光だということです。神ご自身が真の光です。私たちは月であって太陽ではありません。神が太陽であって私たちは月として光を受けて照らすのです。私たちの中に神が力強く働いているのを見て、人々が神を褒めたたえるようになることが目的です。そのためには私たちは語る言葉と行いが一致していなければいけません。私たちはキリストのために生き、キリストのために語る者でなければなりません。行いだけでは曖昧になります。この行いはどこから来ているのかという説明が必要なのです。

私にスーという友人がいます。彼女は六人兄弟の一人で、母親が売春のような仕事をしていました。ある日、母親がわざとキッチンのガスの火をつけたまま仕事に出かけました。その結果、家の中で爆発が起こり一番下の妹が死んでしまいました。スーは何十年もの間、母親に対する怒りを乗り越えることができませんでした。彼女は養父に預けられ愛されて育てられました。彼女は大人になり結婚をしましたが結婚は破綻しました。私たちの教会ではホームレスの方々に朝食を提供するというプログラムがあり、そのキッチン・スタッフがある時スーと友だちになりました。スーは教会が貧しい人に朝食を提供していることを聞いて驚き、自分も料理チームに入りたいと思いました。「いいですよ」と私たちは言い、皆もスーを歓迎しました。彼女に親切にし、イエスのことについて語りました。するとだんだん彼女が変わっていきました。そしてある年のクリスマス礼拝で、彼女はイエスを信じる決断をし、洗礼を受けました。その洗礼式の時に彼女は「私は40年間母親を赦すことができなかったのですが、もうそれはやめて赦す心になりました」と証しをしました。彼女の言葉にはインパクトがありました。彼女は今も毎週ホームレスの方々のために調理をしています。スーがキリストに導かれたところには一致した行いと言葉があり、それがインパクトを与えました。人々はクリスチャンが何をするのかを見ています。イエスのチャレンジは、「神の支配があなたの心に入る時に、あなたは世の中にインパクトを与える人になりますよ」ということです。

イギリスでは公の迫害というのはあまりないのですが、クリスチャンに対してはかなり厳しいというか敵対するような思いを持つ人も多いです。そういう時、私たちは一歩下がって内向きになってしまうかもしれません。しかしイエスは「あなたの敵を愛し、あなたを迫害する者を祝福しなさい」と言われました。私たち自身の生活はどうでしょうか。あなたの心と生活の中にこの世を変えるほどのインパクトがあるでしょうか。あなたと他の人との関係に、神の国の支配があなたの中に働いていることが、目に見えるかたちになっているでしょうか。あなたの職場で、あるいは家族との関係の中に、また世の中の弱さを持っている人に対してインパクトがあるでしょうか。これは単にクリスチャン個人へのチャレンジではなくて、教会へのチャレンジでもあると思います。イエスがYou are the salt of the earth, you are the light of the world. とおっしゃった時の言葉は複数形で、「You/あなたたちは」と言っています。私たちは教会として、地域に対してどういうインパクトを与えているでしょうか。

私はしばらく前に、ある一人の教会のリーダーと話すことがありました。彼はある大教会の牧師に招聘されました。その教会の礼拝に参加するために遠くから人々が集まっていましたが、神は新しく赴任したそのリーダーに教会の課題を示しました。それは、その教会の礼拝には遠くから多くの人が集まっていましたが、実は町の人がその教会のことをあまり良く知らないということでした。神は彼に「その地域に仕える教会になりなさい」と語られました。それで彼は、教会の中の様々なことを変えていきました。教会は移民の人や外国人を礼拝に歓迎するようになり、若者伝道をするようになりました。また貧しい人のための働きも始めました。つまり教会のドアを広く開いたのです。今ではその教会はイギリス国内でも最も大きな教会の一つと言われるようになりました。

もう一度16節を読んでみましょう。「そのように、あなたがたの光を人々の前に輝かしなさい。人々が、あなたがたの立派な行いを見て、あなたがたの天の父をあがめるようになるためである」。イエスこそが、ご自分の生き方を通して神がすばらしい方だと現わした方です。権力に対する欲を持っている人々や、自分で自分を正しいと考えている人々には厳しく、イエスはチャレンジをされました。でもイエスの聖さは、聖くない人にも届くように現わされました。そして人々を赦し、造り変えるという働きをなさったのです。イエスはこの社会で除け者にされているような人々を受け入れられました。またその社会において最も低いと見られ、最も失われている人々に手を差し伸べられました。キリストのように生きる、これ以上の生き方はないと思います。イエス＝神の国です。あなたはあなたの心を、神が支配してくださるようにと開いたことがありますか。イエスを人生の王としてお迎えしましたか。神の国の支配によってあなたの考え方や心はどのように変化したでしょうか。どうかイエスに導かれて、光を輝かせるものでありましょう。周りの人々が私たちの中に神を見るように。そして天にいらっしゃる神を崇めるようになることができますように。

（文責：又吉里子）

〈バイブル・リーディングⅡ〉

天の国の義と生き方

ジョン・リスブリッジャー

マタイによる福音書 5章17～39節

多くの人は宗教を、してはいけないルールや規則、お勤めと考えています。あるいは宗教活動を何か悟りを開くことや、善い行いをして神さまからの恵みをいただくことだと考えています。だから私は彼らに、私は「宗教をしている」のではないと答えています。

私たちは、イエス・キリストにある神の恵みを経験し、神を深く知り、個人的に神を愛するようになると、心の奥底で神のために何かしたいという気持ちになって、善い行いをするのです。でも時々誤解するのは、神の恵みがあるのなら、クリスチャンがどう生きようと関係ないのではないか、ということです。だからそういう誤解がないように、この山上の説教が何を教えているのか、そこに耳を傾けなければいけないと思います。

昨日の箇所マタイ5章16節を、さらにするどく言われた箇所が20節にあります。このイエスが言われた言葉は、弟子たちにとっても驚きの言葉でした。このファリサイ派や律法学者というのは、旧約聖書の専門家、神の義の専門家です。それなのに「わたしたちの義が彼らの義を上回るものでなければいけない」とは、一体どういうことなのでしょうか。イエスの言葉は非常にチャレンジの強い言葉です。そして48節の言葉「完全な者となりなさい」で、イエスは何を教えようとされているのでしょうか。

1　律法学者にまさる義（17節～20節）

17節の言葉「わたしが来たのは、律法……廃止するためではなく、完成するためである」とあります。イエスはここで旧約聖書の律法に従うことを教えておられます。「律法学者にまさる義」とは、どういうことでしょうか。旧約聖書の律法に対する新約聖書の態度はどういうものなのでしょうか。

イエスの言葉をたとえで話してみたいと思います。私の25歳の娘ニコラは、数年前に車の運転を習いました。ある教官は細かいルールを教えてくれました。「ここで後ろを見て、ミラーをみて、それから何センチのところで半分ハンドルを回して、などなど」。それは良い教えでした。それから別の教官が別の方法で教えました。車を動かすと、車がどう動くのか感覚を身につけるように教えたのです。そうすると細かいルールではなく、身につけた感覚で自然に車を操作できるようになりました。この2

つの違いは、細かいテクニックやルールで運転を学ぶのと、車の動きがどうなるか感覚をつかんで運転することの違いです。

イエスは5章を通して、そのようなことを語ろうとしておられます。「あなたがたはこれまで律法を、道徳、モラルの細かいテクニックやルールとして教えられてきた」と。でもイエスは規則の言葉にこだわるのではなく、私たちの内側が変わるということに焦点をあてられました。道徳的な規則に従うテクニックを身につけるのではなく、自分で義人として生きるとはどういうことなのかを身につけていく、そういう教え方をしているのです。イエスがこの章の後半でいろいろな例をあげておられます。それを順に見ていきたいと思います。

2　具体的かつ実践的な義（21節～48節）

21節から26節は、「殺人をしてはならない」ということから「平和をつくる者になりなさい」という教えです。21節の「殺すな。人を殺した者は裁きを受ける」は、単に人を殺さなければよいわけです。しかしイエスは22節「兄弟に腹を立てる者はだれでも裁きを受ける。兄弟に『ばか』という者は、最高法院に引き渡され、『愚か者』という者は、火の地獄に投げ込まれる」と言われました。

私たちはなぜ人を殺すのでしょうか。それはその人に対して心の奥底に軽蔑する思いがあるからです。イエスはその心自体が罪であって、それは裁きを受けなければいけないと教えられました。大事なことは私たちの心の中の態度です。ですからもし私たちが本当に律法に従いたいのなら、私たちがだれかを見下げ、低く見たりしないようにしなければいけません。もしこれが本当に人を殺すか殺さないかの問題だけならば、ほとんどの人にとってはある意味自分に関係のない律法です。人を殺す人はそんなにいません。しかしこの戒めは私にも関係のあるのです。殺すか殺さないかよりも、あなたは本当に他の人に対して敬意を払っているのかというチャレンジなのです。またそれは単にだれかに対する心の姿勢だけではなくて、そのことを行動に起こすことが必要な時もあります。

たとえば23節、24節をみると「和解をするように」という勧めがなされています。もしだれかに対して悪いことをしたと思うなら、どうやってその相手に対する敬意を表すのかということです。イエスは「和解をする」ことだと言われました。

また25節、26節をみると、本当にむずかしい状況の中でもあなたは平和をつくる者になりなさいと言われました。イエスは、旧約聖書全体が指し示しているものを完成するために来られました。だから昨日話した天の御国が私たちの心の中を支配するようになる時に、私たちがただ単に律法に従うことより以上でありたいという思い、神が示しておられる義を実行していきたい、そういう者になりたいという思いが与えられます。この義というのは行いと心にあるのです。

第2の例は27節から30節です。これは性的なきよさと姦淫が比べられています。27節「姦淫するな」について、イエスは28節「みだらな思いで他人の妻を見る者はだれでも、既に心の中でその女を犯したのである」と言われました。ここでもただ結果として出てきた行いだけではなく、背後にある人間の心、姦淫につながっていく心の中の情欲を示されたのです。ここで注意したいのは、情欲と、性的に男性や女性に惹かれるのとは別ということです。それは神が男と女に造られた時に自然に与えられた感情です。私たちが他の人と一緒に生活したいと願うのは自然に与えられた良いものです。イエスがここで強調されているのは、男性が女性を見る時の目のことです。人を情欲の思いで見ることが罪なのです。そういう思いで見る時に、頭の中で人は妄想を働かせていきます。そしてどうしてもその人を自分のものにしたいという欲を産んでいくのです。セックスは神から与えられた賜物ですが、結婚の関係の外で行われる関係を神は反対され、それを罪と言われます。夫婦におけるセックスは、契約の誓いに基づいているもので、それは神と人間との契約を映し出すものでものです。だから夫婦関係からはずれたところで行われるセックスは、神と私たちとの関係を汚し、神からの賜物を間違って使うことになります。イエスは「姦淫してはならない。でもそれ以上のことがある。性的なきよさをあなたは求め続けなさい。性的なきよさを汚すものからすべて離れなさい」と言われたのです。そのためにはっきりとした決断、行いが必要な時もあるでしょう。29節「もし、右の目があなたをつまずかせるなら、えぐり出して捨ててしまいなさい。体の一部がなくなっても、全身が地獄に投げ込まれない方がましである」。

3番目の例が31節、32節です。これも夫婦の関係で、相手に対して忠誠を誓うか、離婚するかという問題です。これは非常にむずかしい領域です。教会の中にあっても離婚の問題はあります。イエスの時代、ユダヤ教のラビたちは離婚に対してかなり自由な解釈をしていて、男性が難癖をつければ離婚できました。しかしイエスは今ある結婚生活を大切にするよう教えておられます。

夫が妻に、妻が夫に忠実に生きるということは、神が人間に対していつも忠実に愛を注いでくださっていることを映し出すものです。もし結婚生活でお互いに忠誠を誓うことが崩れるならば、神の私たちに対する忠実な愛を汚すことになります。

結婚生活がうまくいかないことは、人にはなかなか言えないことですから、破綻する直前まで牧師には言わないということが多くあります。そのようになると問題を解決するのがむずかしくなります。もっと早く解決を目指していたなら、スムーズだったかもしれないことが多々あります。

私たちの教会では、結婚生活をさらに良いものにするための週末のプログラムがあります。それは破綻寸前の人のためのものだけではなく、今うまくいっていても、さらに強い絆で結ばれるものにするためのプログラムです。イエスは結婚という関係を非常に愛しておられます。だから牧師は、結婚する若者たちに、結婚のための講座を持たれるに際して、ぜひ夫婦に関する内容の聖書の箇所を読むように勧め、その人々に関わってください。

4番目の例としては33節から37節です。ここでは真実であることと、誓いをたてることが比べられています。ユダヤ教の伝統によれば、誓ったことは守りなさいと教えられています。ところがイエスはいっさい誓いをたててはならないし、37節では、自分が言ったことはいつも真実でなければいけないと言われます。37節「あなたがたは、『然り、然り』『否、否』と言いなさい。それ以上のことは、悪い者から出るのである」。これは、もしあなたの言葉が真実であるなら、いちいちこの誓いをたてる必要はないということです。誓いをたてるのは、相手が私たちの言うことを信頼できないからです。イエスは誓いをたてることよりも、主に従うこと、その真実に生きることを教えておられます。いつもあなたの言葉が正直でありなさいと。

5番目の例としては38節から42節です。それは復讐する心より、優しい心、赦す心ということです。「目には目を、歯には歯を」という教えがありました。それは、罪に対する罰はその罪にあった罰を与えるのであって、それを越えてはいけないという法でした。しかしユダヤの律法ではこれを個人的に復讐していいと解釈しました。社会では犯罪に対してふさわしい罰を与えることは正しいことです。しかし人と人との関係で考える場合に、私たちはいつも復讐したいという気持ちを繰り返さないように、断ち切る役割をしていかなければいけないのです。そのためには悪に対して善で、敵に対して愛で応えることが必要になってきます。そのことをイエスさまは40節から42節で言っておられます。

そして最後の例として43節から47節です。これは「敵意」に対して「愛」をと言っています。43節「あなたがたも聞いているとおり、『隣人を愛し、敵を憎め』と命じられている」とありますが、旧約聖書にはない「敵を憎め」が、ユダヤ教の伝統の中でいつの間にか加わったのです。そこでイエスは、44節「しかし、わたしは言っておく。敵を愛し、自分を迫害する者のために祈りなさい」と言われました。その理由が45節です。「あなたがたの天の父の子になるためである。父は悪人にも善人にも太陽を昇らせ、正しい者にも正しくない者にも雨を降らせてくださるからである」。

「敵を愛しなさい」。なぜなら、神がそれをしておられるからです。神の愛はそういう愛です。私たちを愛してくださる方に愛を返していくことはある意味簡単です。しかしもし私たちが神のようにありたいと願うなら、愛するのがむずかしい人を、愛しても愛が返ってこない人を、あるいは敵や自分を迫害する者を、愛しなさいと言われました。敵に対する愛は自分の力ではできませんが、天の御国が私たちの心に入り込んでくるときに、愛する力が与えられます。

数年前に出会ったタマルの両親は、ルーマニアの国境で2人の覆面強盗に襲われ、タマルのお父さんは殺されてしまいました。車の中の荷物は全部盗まれ、生き残ったお母さんもひどい暴力を受けました。でもお母さんは、「私はあの人たちがクリスチャンになるように祈ります」と言いました。監獄に入った2人に面会に行って聖書を渡し、「神はあなたを愛している」と伝えました。彼らにイエスがどれほど愛しておられるかを何度も手紙で書き送りました。何通も書いたあとに、一人の人から返事がきました。彼の手紙には「私は人の命を奪ったのに、その代わりに命をもらいました」とあり、その監獄にいる間に自分がクリスチャンになったのが、タマルのお母さんの愛と祈りによることが書かれていました。タマルのお母さんはこの山上の説教を行動に移した人でした。

これが、イエスが言われた律法学者の義、ファリサイ人の義を超える義です。それは単なる宗教ではなく、もっとはるかに優れたものです。聖霊が私のような心も変えることができるお方であると証明している出来事です。

この章の最後の言葉48節を読みます。「だから、あなたがたの天の父が完全であられるように、あなたがたも完全な者となりなさい」。

ここで言われている完全とは、全く落ち度のない行いができるということではなく、私たちが本当にあるべき姿に戻されることです。自分を愛する者を愛する愛は完全ではありません。完全な愛とは、自分の生き方の中に神の愛があらわれていくことです。神は愛される資格のない者、愛するのがむずかしいような者をも愛してくださいます。神の愛に背を向ける者にも愛を注がれます。私たちはそういう神の愛を映し出すようにと召されています。完全な義は神によって変えられた心から出てくるものです。この地上で生きている間は、私たちは愛においても義においても神が持っておられるような、全く落ち度のない完全には至りません。でも神は私たちにチャレンジしておられます。愛することがむずかしいような人をもあなたは愛しなさいと。そして聖霊によって心が変えられていくことを通して、義なる者として生きていきなさいと。私たちはやがて全く落ち度のない、欠けのない、完璧な愛、完全な義を知る時がきます。ヨハネが手紙に書いているように、私たちが主を見る時に、私たちも主のように変えられます。存在そのものが１００％純粋な者に変えられます。これがすべてのクリスチャンに与えられている将来の保証なのです。

（文責：錦織博義）

〈バイブル・リーディングⅢ〉

天の国の寛容とチャレンジ

ジョン・リスブリッジャー

マタイによる福音書 7章1～23節

神の寛容が人を変える

皆様と共に、すばらしい時を過ごすことができ、感謝しています。何よりもこの日本という国に、このように多くの神の民がいることを知ることができただけでも本当にうれしく思っています。

皆さんは、「レ・ミゼラブル」をご存知でしょう。主人公の貧しい農夫ジャン・バルジャンは、たった一つのパンを盗んだだけで19年間投獄されました。家族が飢えていたため、仕方なかったのですが、彼が釈放され、司教の家に招かれた時、思わず、世話になっていたその司教の家から銀の食器を盗んで逃げてしまいます。今日のテーマは、「寛容」(generosity) ですが、彼はこの後、人生で初めてこの「寛容」を経験することになるのです。

警察に捕らえられて司教の家に連れ戻された時、なんと司教は、銀食器は彼へのプレゼントなのだと説明するのです。そして、「それが真実であるという証拠に、他の食器も与えましょう」と言いました。司教はジャン・バルジャンに、これからはまっとうな道を生るようにと諭し、彼を帰らせます。この司教の広い寛容な心が彼の人生を変えました。その後、彼は商売に成功し、市長にまでなって、貧民や弱者に仕えるような働きをしました。

「寛容」がどれだけの力を人に与えるかの、よい例だと思います。寛容な心は私たちを変えます。また国を変え、最終的には世界を変えるほどの力も持っているのです。なぜでしょう。真の寛容は神からくるものだからです。それが語られているひとつが、この7章です。

まず11節です。「このように、あなたがたは悪い者でありながらも、自分の子供には良い物を与えることを知っている。まして、あなたがたの天の父は、求める者に良い物をくださるにちがいない」。寛容という言葉は、「広い心」という意味と、「気前良く与える」という意味とがあります。神は、子どもに良い物を与えるように、私たちにも気前よく与えてくださる寛容なお方です。そして、その神の心にふれた時、私たちの中に、今度は他の人に対し、「同じようにしてあげよう」との広い心が芽生えます。それはちょうどジャン・バルジャンが、司教の寛容さによって変えられたことと同様です。そして、「だから、人にしてもらいたいと思うことは何でも、あなたがたも人にしなさい。これこそ律法と預言者である」(12節)と結論のように言われました。山上での説教の結論のようにもなります。イエスは、この神の深い寛容をクリスチャンが経験することで、今度はその人からあふれ出た寛容によって、周りの人々が豊かにされていくということを教えたのです。

神の寛容とは何か

そこで、1節から6節を見ていくと、神の寛容さが、特にゆるしに関して表されています。「人を裁くな。あなたがたも裁かれないように」(1節)とあります。皆さんが、一生懸命相手に話しかけているのに、相手がずうっと下を向いてスマホをいじっている、そのような経験はないでしょうか。誰もがいらいらしますが、安易に注意はできません。自分もそのようにしていたことがあるからです。さらに2節では、「あなたがたは、自分の裁く裁きで裁かれ、自分の量る秤で量り与えられる」とあって、イエスが「だから、一切裁いてはいけない」と教えているようにも聞こえます。そして、「あなたは、兄弟の目にあるおが屑は見えるのに、なぜ自分の目の中の丸太に気づかないのか。兄弟に向かって、『あなたの目からおが屑を取らせてください』と、どうして言えようか。自分の目に丸太があるではないか」(3〜4節)と出てきて、それならば、誰が他の人の間違いを正せるのかと思ってしまいます。

イエスは、「偽善者よ、まず自分の目から丸太を取り除け。そうすれば、はっきり見えるようになって、兄弟の目からおが屑を取り除くことができる」（5節）とおおせられました。そこにある重要な問題は、私たちが自分を棚に上げているところなのです。自分には非常に基準が甘いのに、どうして他人に対してそのような厳しい基準を当てはめ、裁くのか、それが偽善なのだと言われています。

自分には厳正に、そして相手に対しては寛容な心を持って生きるならば、どれほどすばらしいことが起こるでしょうか。私の人生を顧みると、後悔する出来事はこの原則に従っていない時に起こっています。イエスは、「誰かを批判する前に、まず自分を見なさい」と教えています。しかし、そこで6節を読んでみましょう。「神聖なものを犬に与えてはならず、また、真珠を豚に投げてはならない。それを足で踏みにじり、向き直ってあなたがたにかみついてくるだろう」とあります。5節までのことを受け、相手に対し、まず自分を知り、そして謙遜な心をもって忠告することができた。ところが、それを「ありがとう」と言って受け取れる人ばかりではありません。思いがけない過激な反論に出て、それを踏みにじられることになるでしょう。「何やってもいいよ」というお人よしになれと言っているわけではありません。私たちは見分ける目も必要であることがわかります。

神の寛容を求める

次に、7節から11節です。かなりむずかしいことですが、イエスがここで言われているポイントは、道徳的な行為ではなく、自然にふるまえる寛容さを身につけていくことです。それには、私たちがまず神の寛容を経験しなければなりません。

11節にあるように、神は気前よく与えてくださる方であり、それを受け取ることを学ぶように示されています。贈り物を遠慮しすぎて固辞し、かえって関係を損なうことはないでしょうか。ここでイエスは、神が気前良くくださろうとしているのだから、それを受け取ればよいとおっしゃるのです。そのために、「求めなさい。そうすれば、与えられる。探しなさい。そうすれば、見つかる。門をたたきなさい。そうすれば、開かれる」（7節）と言われました。もし神に何も求めようとしないなら、それは「私は神に期待していない」という態度になるからです。イエスは、山の上の説教の最初に、「心の貧しい人々は、幸いである」（5章3節）、自分の足りなさを知っている人は、神に求める心が与えられるから幸いだと語っていますが、それは、そのような人こそが神の御国を受け継ぐ者になるからです。

私たちは何を求めるのでしょうか。物質的な豊かさを求めることは小さいことです。もっと大切な求めは、私たちが失ってしまった神との関係の修復です。そのために、神は私たちの罪の贖いとしてイエス・キリストの十字架を与えてくださったのでした。神の寛容さ、そしてこの神の愛を知らずに、本当の意味で生きることはできません。この神の惜しみなく与えられる寛容が、私たちの心を変えるのです。

イスラム教国で育った友人は、「神」と聞くと、「怖い」、「いつも私を見てイライラしている」と感じていました。その彼女が妻と一緒に聖書を学ぶことで、神が驚くほどの心の広さ、寛容さを持っている方だと気づきました。いつも自分に要求する神ではなくて、むしろ喜んで与えてくださる神であると知ったのです。そして十字架を知り、これほどまでに神は自分を愛してくださっていたことがわかった時、彼女はクリスチャンになりました。

私たちは決断しなければなりません。神に自分の罪の赦しを求めることです。もちろんあなたはクリスチャンであるでしょう。でもあなたは自分自身の足りなさを知っていますか。救い主にあなたの心を明け渡し、求めていくことです。求めるならば新しいことが起こってきます。私たちが本来あるべき姿そのものに変えられる。神は喜んで与えてくださいます。神は寛容で、豊かに与えられる方だからです。

神の寛容を経験する

9節から11節までをお読みします。「あなたがたのだれが、パンを欲しがる自分の子供に、石を与えるだろうか。魚を欲しがるのに、蛇を与えるだろうか。このように、あなたがたは悪い者でありながらも、自分の子供には良い物を与えることを知っている。まして、あなたがたの天の父は、求める者に良い物をくださるにちがいない」。

神が惜しみなく与えてくださることを経験すると、私たちの心に変化が生じます。

イエスと同じ時代にヒレルというユダヤ教のラビがいました。その人は、「自分にしてもらいたくないことは他の人にもしてはならない。これこそ、律法の全体だ」と言っています。イエスの、「人にしてもらいたいと思うことは何でも、あなたがたも人にしなさい。これこそ律法と預言者である」(12節)と非常に似ています。しかし、「こうしてほしくない」ではなく、「こうしてほしい」という表現にこそ、神の豊かな心が表れているのです。豊かな、寛容な心こそが人々を変えます。町や国を変える力があります。それは、ただ自分の願いを実現するためだけに生きるのではなく、外の世界に向かって、神からいただいた豊かさを示そうとする働きが起こるからです。

私の教会のヴィックという年配の方は、孤児院で育ちました。強盗で有罪になり、収監されたのですが、そこで彼はイエスと出会ったのです。その後彼は多くの人をキリストに導き、またウクライナにまで出かけて行き、複数のキリスト教主義の孤児院、福祉施設を作ります。そしてイギリス女王からも表彰されるほど、その働きが注目されています。彼は変えられたのです。どこで変わったのですか。神の寛容さを知った時からです。それだけではなく、彼は自分の世話をしてくれた牧師の心の広さも経験しています。刑務所を出ても誰も雇ってくれる人はいません。でも牧師が「彼が万が一盗んでも、私が弁償するから」と雇用主に申し出、保証人になったことで、就業できたのです。

日本のような先進国でも、孤独を抱えている人が多くいます。神の寛容な心を必要としている人がいるでしょう。だからこそ、どうぞ一人ひとりが、神の寛容をどのように示すべきなのかを考えてほしいのです。

神の寛容を得るための選択

ここ数年、イギリスではEU離脱の問題が持ち上がり、長い議論の末、離脱しました。重大な決断の分かれ道でしたが、そのような大きな分かれ道が13〜14節にもあります。イエスはこの山の上で神の国が心の中を支配する時、どれほどすばらしい人生が開かれるのかを語ってこられました。そして、この最後のところで、あなたはどのように決断するのか尋ねておられると思います。イエスが語られた言葉を受け取って、実行することで、神の国を自分のものとするのか、あるいは聞かずに神の国を受け取らないのかの決断です。滅びに至る道か、命に至る狭い道を行くのか。狭い道であることは明確です。しかし、狭い門を通る時、何も持っては行けません。プライド、野心、欲望、そのすべてを神に渡さなければいけないのです。

15節から20節には、その道を進む時に必要なガイドについて語られています。預言者とは、神からの言葉を預かり、伝えて、人々を正しい道へと導く役割を担いますが、ここでは偽預言者に言及されています。牧師にとって、熱心な教会のメンバーが、間違った人の声に惑わされて離れていくことほどつらいことはありません。大切なことは、誰が語っているのか、そして真実な導き手の声を聞くことです。偽りの預言者かどうかを見分けるためには、饒舌であったり、あるいはカリスマ的雰囲気をもっているからではなく、その人の生き方を見ることです。その人の生活に神のきよさがあるかを見極めることです。パウロは御霊の実として「愛、喜び、平和、寛容、親切、善意、誠実、柔和、節制」を挙げています。自分が進み行く道を選び、自分を導くガイドを間違いなく選ぶのです。

そして21節から23節では、あなたの人生の目的、ゴールを選ぶことです。例えば、私が環境改善を叫んでいても、ガソリンを多く使う車に乗っていたらどうでしょう。電車に乗っても行けるのに、その車で出かけていくとしたら、偽物だと言われます。同じように、私はクリスチャンですと言うことはできても、自分の設定するゴールが神のゴールでないなら、イエスに従っているとは言えません。「わたしに向かって、『主よ、主よ』と言う者が皆、天の国に入るわけではない。わたしの天の父の御心を行う者だけが入るのである」（21節）とあります。自分のゴールか、神のゴールにするのかを選ばなければいけません。

最後に有名なたとえ話が出てきます。賢い人は岩の上に家を建てました。その人は、イエスの言葉を聞いてそれを実行する人だと言われます。嵐がきても家は大丈夫だと、愚かな人は砂の上に家を建てました。その愚かな人というのは、イエスの言葉を聞くには聞くがそれで終わってしまう人です。ケズィックには参加しました。しかしそれで満足して、イエスの言葉を自分の生活に表していかなければ、愚かな人が建てた家のように、嵐が来たときに倒れ方はひどいものになります。私たちは神の言葉を聞きました。しかし、心を開いて「神さま、私を変えてください」との姿勢をとっているでしょうか。大事なことは、私たちが受けとったその御言葉の土台の上に自分の人生をこれから築いていこうとするのかどうかという選択です。私たちが自分の人生をイエスの言葉の土台の上に築いていく時に、今もそして永遠に絶対揺るがないという安心を手にすることができます。決断のしようによっては恐ろしい結果も考えられるわけです。

3回のバイブルリーディングの最後の時、私たちは今、重大な分かれ道にきています。あなたはどの道を選ばれるでしょうか。私たちは神の寛容さを経験し、身につける者とさせていただきたく思います。

（文責：土屋和彦）

〈聖会Ⅰ〉

わたしたちに対する神のご目的

ジョン・オズワルト

レビ記22章31〜33節
ペトロの手紙一 1章15、16節

聖書の初めから終わりまで、神の民は「聖なるものとなりなさい」と命じられています。ホーリネス、聖とは何でしょうか。なぜそんなに大事なのでしょうか。3回のメッセージを通し、ホーリネスの目的とはなにか、その目的がどのように達成されるのか、そしてそれがどのように実現されるのかをお話ししたいと思います。まずは「神が私たちに対して持っておられる目的」についてお話ししましょう。その目的とは、私たちが神の聖にあずかるということです。

「聖」という言葉の意味

「神が聖である」という考えは聖書だけのものではありません。古代中東世界では、普通ではない超越した存在という意味に使われ、普通でない経験、奇妙な経験も「聖」と言われていました。ですからヤコブがベテルで夢を見た時に「ここは聖なる場所だ」と思ったわけです。しかし、イスラエル以外の古代世界では、聖という言葉に道徳的な意味合いは含まれていませんでした。聖という言葉にすべての神々が含まれていて、良い神も聖であれば、悪い神も聖だったからです。

しかし現代英語の辞書は聖という言葉の意味を「道徳的、精神的に優れていること」と言っています。その考えはどこから来たのでしょうか。聖書です。ヘブライ人たちが出会った神は、ほかの神々と違っていました。彼らは神から最初に、真に超越した存在は一人しかいないと教えられたのです。ほかの神々は超越した存在ではなく、実はこの世界の一部に過ぎない、太陽や月や星の神、情熱の神、戦争の神といっても、それらはこの世界に存在する力が人の仮面をかぶったに過ぎないのです。しかし、世界を真に超越したお方が、ご自身を現されました。世界の一部ではないお方、世界を造られたお方です。聖という言葉は旧約聖書になんと800回、新約聖書に176回出てきます。

しかし、やっかいなことが一つあります。神がこの世界を超越しておられるということは、私たち人間の側で神を操ることはできないということです。こちらから神に自分を祝福させることはできません。ただ信頼して自分の人生を任せるしかないとは、恐ろしいことです。偶像崇拝が発展した理由がそこにあります。神を自分の世界の一部とすることでコントロールしたいと思ったのです。

宇宙でただ一人、真に「聖」という性質をもったお方がいる。もし、この聖である存在の性格が残酷だったり、意地悪だったりしたら、「聖」とは残酷さや意地悪を意味することになってしまいます。しかし、そうではありませんでした。その方は純粋です。純粋とは「全部が一つのもの」という意味です。偽り、裏表はありません。真実です。だから完全に信頼してよいのです。言ったことは必ず守られます。ご自分の心の内に決められたことに対してもそうです。正しい方です。すべての人に対してどんな犠牲を払ってでも正義を行われます。公平です。宇宙を平等に治めるお方、良いお方です。造られたものすべてにいつも良いことをしてくださいます。そして、そのお方は愛です。

ヘブライ語には「ヘセド」という特別な一語があります。英語には置き換えられる単語がありません。近隣の言語にも存在しません。めずらしいことです、ふつう同系の言語には対応する語があるからです。その言葉が内包しているものは実に豊かで、英語で表現すると文章になってしまいます。「熱意ある、止むことのない献身、上の者が下の者のために献身すること、特に不相応な場合をいう」。それこそが彼らの見た聖なるお方でした。

一体どういう神なのでしょう。異教の神々とは、誇張された人間の姿にすぎません。私たち人間がやさしいとすれば神々もやさしいでしょう、残忍であるなら神々も残忍でしょう。私たちがときに信頼に値するとすれば、神々もときに信頼に値するでしょう。結局は私たちが信頼に値しないように、彼らも信頼に値しないのです。しかし、このお方は違います。彼は純粋です。彼は真実です。彼は正しく、公平です、良いお方です。最後に彼は自己犠牲の愛、自己否定の愛なのです。

契約を通して教えられた真実

ヘブライ人はどのようにそれを学んだのでしょうか。頭が良く、優れた宗教的感性を持っていたのでしょうか。彼らは言うでしょう「いいえ、私たちは傲慢で、自分勝手で、神から逃げようとさえしていました」と。彼らはこの方を哲学的思索によってではなく、契約を通して学んだのです。ヘブライ人はそれまで世界で最も偶像礼拝が盛んな場所にいました。エジプト人は何千もの神々を拝んでいました。神はただお一人です、しかし彼らは多くの神々がいると学んできました。神はこの世界の一部ではありません、魔術で思い通りにすることなどできないのです。しかし彼らは魔術で神を操ることが宗教だとエジプトで学んでいたのです。どうやって彼らに真実を教えたらよいのでしょうか。神は言われました、「さあ、私といっしょに契約の中を歩もう、そうすれば、ほかの神々などいないことを知るだろう」、また「もしあなたが契約の中を生きたいのなら、この世の何物にも似せてわたしの像を作ってはならない」と。神は契約による関係を通して彼らに真実を教えられました。

契約の中で神は「わたしは聖なる者であるから、あなたたちも聖なる者となりなさい」（レビ記11章45節）と言われました。神になれと言われたのでしょうか。私たちにも聖という本質をくださるのでしょうか。違います、「私の聖なる性質を持ってあなたたちも生きなさい。私が一つであるように、あなたたちも一つでありなさい。私の言葉が真実であるように、あなたたちの言葉も真実でありなさい。私が正義を行うように、あなたたちも正義を行いなさい。公平でありなさい、善でありなさい、すべてを自分を与える愛、自己否定の愛のもとに行いなさい」と言われたのです。

すべてのユダヤ人はそれを理解しました。しかし、「あなたたちは私の性質を生きなければならない」と言われたことに、彼らはなんと簡単に同意してしまったのでしょうか。出エジプト記24章でモーセが契約の条項を聞かせ「これができるか」と問うと、彼らはすぐ「はい」と答えます。モーセは条項を読み上げて、もう一度問います、「あなたたちはこれができるか」と。彼らは「はい、もちろんです」と答えます。それは「早く終わらせてしまいましょうよ、早くしないとほかの教会の人たちが先にご飯を食べてしまいますよ」という感じです。

モーセ12頭の雄牛を殺し、血を二つに分けます。その半分の血を祭壇にザバーっとかけて言います、「神はこの契約を守られる、さもなくば死なねばならない」。そして民にもう一度聞きます、「あなたたちはこの契約を守るか」と。民は言います、「はい、もちろんです」モーセは「覚悟はいいな」と言うと、今度は民に残り半分の血を浴びせかけます。「もしわたしたちがこの契約を破るなら神がわたしたちを打たれ殺されますように」。彼らは本気だったと思います。しかし彼らは自分たち人間が抱えている問題を知りませんでした。その問題こそ、それからたった5週間のうちに彼らが金の子牛を拝んでしまうという事態を引き起こした原因です。

彼らは怖かったのです。モーセが山に行ってしまい、40日経っても帰ってこない。おそらくモーセは死んでしまった。約束の地に行ったことがある人など一人もいない。自分たちが行きたい場所にたどり着く望みを失って彼らは怖くなったのです。それで金の子牛を作ってしまいました。問題は彼らの心の中にありました。「自分が……」という性質です。自分が行きたい道、自分がやりたいこと、自分がほしいもの、その結果が詩編78篇8節に書かれています。「その心には土台がなく、あちらこちらに揺れ動く。その思いは全く頼りにならない」。もし、みなさんの心が自分の欲望に支配されているなら、真実はそこに宿ることができません。「私にはしたいことをする権利がある、そのためなら嘘をついてもかまわない」という風に。この契約は神のご性質を現すものでした。そして神が私たちの内に与えようとされている性質を表すものでした。しかし同時にそれは私たちの本質を暴くものであったのです。

どんな対処が必要なのでしょうか。単に罪を赦すということで問題は解決しません。神はキリストのゆえに何度も、何度も赦してくださる、しかし、私たちが神を悲しませ続けているのなら、神と共に歩むということにならないのです。私が妻に「カレン、愛しているよ」と言いながら不倫を続けていたら、結婚生活は成り立ちません。イエスは言われます、「家が箒できれいに掃かれているのに、だれも住んでいないなら、以前住んでいた悪霊は7人の友達を連れて戻ってくるだろう」(マタイによる福音書12章44、45節参照)と。何かが起こる必要があります。私たちの心が定まる何か、私たちの心に真実な思いを与える何かです。神はそれをなさりたいのです。

神のご目的

民数記11章を見てみましょう。幕屋が完成し、イスラエルの民はいよいよ約束の地に向かって出発しますが、すぐ彼らは不平を言い始めます。「モーセ、私たちをエジプトから連れ出したのは死なせるためだろう」と。モーセは神に言います。「こんなことが続くのでしたら、いっそ私を殺してください」。すると神は「長老たちを連れてわたしの前に出なさい。あなたに与えた霊を、わたしは彼らにも与えよう」(16、17節参照)と言われました。長老たち70人のうち68人がモーセと共に神の前に出ると、神は彼らに霊を分け与えられます。さらにまだ宿営にいた2人にも霊を与えられました。彼らは預言し始めました(25、26節)。どんな様子だったかわかりませんが、それによって人々は恐怖を感じました。ヨシュアはモーセに「やめさせてください」と言います。するとモーセは「やめさせるだって」、「わたしは、主が霊を授けて、主の民すべてが預言者になればよいと切望しているのだ」（29節）と言いました。モーセは神の最終的な意図を知っていました。

神は私たちすべてにご自身の霊を与えたいのです。それによって私たちが神のご性質を生きるようになるためです。私たちと完全な親しい関係を持つためです。イザヤ書はくり返し、主の霊がメシアの上に置かれる、それは人々にその霊を与えるためだと言っています。その約束はエレミヤ書、エゼキエル書にも書かれ、最後にヨエル書によって明確に提示されます。「わたしはすべての人にわが霊を注ぐ」（ヨエル書3章1節）。ルカによる福音書24章49節で、イエスは「わたしは、父が約束されたものをあなたがたに送る。高い所からの力に覆われるまでは、都にとどまっていなさい」と言われます。弟子たちは誰も何の約束ですかと聞きませんでした。それは驚くことかもしれません。福音書の中でイエスがなにかを宣言される時は、大体弟子たちの誰かが「何ですかそれは」と聞くからです。でもこの時は違いました。彼らがメシアに期待していた言葉を、彼らはメシアから聞いたのではないでしょうか。神の目的は何でしょうか。それは、私やみなさんが神のご性質を生きることです。神が歩まれるように、私たちが歩むことです。神が生きておられるように、私たちも生きること、それは聖霊の力によって成し遂げられます。

今晩、みなさんにお聞きします。この神の目的はあなたの中に実現していますか。神の命をあなたの中に感じていますか。神に向かう一つの心がありますか、真実な心がありますか。それは実現不可能な夢ではなく、神が意図しておられることなのです。それがまだあなたの人生の現実となっていないなら、この聖会を通してあなたの中に実現されるように祈ります。それこそ神が私たちすべてに対して持っておられるご目的だからです。実現されないことはありません。

（文責：峯野慈朗）

〈聖会Ⅱ〉

どのようにして神の目的は実現されるのか

ジョン・オズワルト

エゼキエル書36章19～27節

昨日は私たちの人生に対する神のご目的についてお話ししました。それは、私たちが神の聖いご性質を生きる者とされていくことです。どのように私たちの内に実現されるのでしょうか。エゼキエル書36章は旧約聖書のどこよりもそれをはっきりと示し、「わたしの霊をお前たちの中に置き、わたしの掟に従って歩ませ、わたしの裁きを守り行わせる」（27節）と言っています。

捕囚の悲しみの中でイスラエルの民は、神から見放されたと思ったでしょう。しかし、神はそうではないと預言しておられました。見捨てられたのではなく、彼らを通して、ただ一人の神がおられることが証しされると予告していたのです。ところが、彼らは神の名を汚してしまいました。バビロンの民に「あなたたちの神は力がないんだね」と言わせてしまったのです。「お前たちの神はヤーウェだろう。助けてくれなかったのか。ヤーウェの国を追い出されてしまったのか」（20節参照）と。みなさんはどうでしょうか。みなさんの周りの人は神が聖く偉大な方だと認めていますか。何があっても救い出す方だと言っていますか。神はあなたを罪の責めから救っておられますか。悪い習慣から救い出されましたか。古い考え方から解放されましたか。私たちの生き方が、神がまるで小さなお方だと思わせていないでしょうか。

そのようなイスラエルに神は何をなさるでしょう。23節を見てください。「わたしは、お前たちが国々で汚したため、彼らの間で汚されたわが大いなる名を聖なるものとする。わたしが彼らの目の前で、お前たちを通して聖なるものとされるとき、諸国民は、わたしが主であることを知るようになる」。神が私たちの内にご自身の聖を現わされる４つのステップがあります。

罪の結果からの救い

一つ目のステップです。「わたしはお前たちを国々の間から取り、すべての地から集め、お前たちの土地に導き入れる」(24節)。まず、神は私たちを罪の結果から救い出されます。ヘブライ人にとって罪の結果はバビロン捕囚でした。私たちにとっては、罪の責めであり、罪に定められること、神から永遠に引き離されることです。しかし、人間が神を正しく理解し、この世で唯一聖いお方であると知るために、神はイスラエルをご自身のもと、ご自身の約束の地に戻す必要がありました。私たちが罪のために神から永遠に引き離されたままだとしたら、神には救う力がない、負けたということになってしまいます。しかし、力ある神はどんな人をも罪の結果から救い出し、ご自分のもとに戻すことができます。みなさんの中にまだキリストとの親密な関係をもっていない方がいますか、神は今日あなたを救うことがおできになります。

内にある偶像礼拝からの救い

救いの計画の第二ステップです。「わたしが清い水をお前たちの上に振りかけるとき、お前たちは清められる。わたしはお前たちを、すべての汚れとすべての偶像から清める」（25節）。彼らは元の土地に戻るだけで、その心は神のもとに戻らないのでしょうか。そうではありません。神は彼らをご自分の土地に連れ戻され、清くするとおっしゃっているのです。「すべての偶像から清める」と言われている偶像礼拝とはなんでしょうか。彼らの先住民であるカナンの農夫たちは畑に水をやるために地中海からの雨を必要としていました。どうすれば雨雲をコントロールできるでしょうか。雨雲を人だと思えばよいのです。どうやれば人が動くかならわかります。おいしい和食をごちそうすればよい、高い着物をプレゼントすればよい、そうすれば私の言うことを聞いてくれる。偶像礼拝をするのに像は必要ないのです。それは自分の欲求を満たすために自分のやり方で世界を動かしたいということだわりです。なぜ神はそれをお嫌いになるのでしょうか。それは根本的に間違っているからです。もし私が自分で自分の必要を知り、自分でそれを満たすことができると信じているなら、嘘を生きているのです。それは私を神とすること、自分の形に神を作っていることなのです。

私たちが自分の偶像礼拝から清められるためには、神が私の必要を満たしてくださるという完全な信頼に立つことです。あなたは神に「私に必要なことは何でしょうか」と祈ったことがありますか。神の仕方であなたの必要を満たしていただくために、あなた自身を任せるのです。これが神と親しく歩むということであり、あなたの神が真に聖いお方だと人々に示すことなのです。

打ち砕かれなければならない石の心

しかし、もっと深い問題があります。それが神のご計画の第三ステップです。「わたしはお前たちに新しい心を与え、お前たちの中に新しい霊を置く。わたしはお前たちの体から石の心を取り除き、肉の心を与える」(26節)。神は私たちが石の心を持っていると言われます。私たちの人格の中心にある固い態度、頑固でテコでも動かないものです。それは自分のやり方へのこだわりです。以前私は、子どもは純真なものだと信じていましたが、子どもを授かってわかりました。違います。思い通りにならなければ家が壊れるくらいの大声で泣きます。大きくなるにつれ、やり方がもう少し文明的になりますが、内容は変わりません。「私は自分のやり方でやりたい」ということです。

多くのクリスチャンは二つの道を生きています。一つは神の道、もう一つは自分自身の道です。神を愛しています、救い主ですから。神が望まれることをします。しかし、神の道と自分の道がぶつかった時、勝つのは自分の道なのです。そのような生き方から神の聖さが現わされるでしょうか。現わされません。神が高い所におられる方として示されることはありません。ともすると神さえ、自己実現のための偶像にしてしまいます。どうしたらよいのでしょうか。石の心が叩き壊されなければなりません。ソフトなやり方では効果がありません。今日少し削って、また明日少し削ってではなく、砕かれる必要があります。なんとしても打ち砕かれなければならないのです。

しかし神は私たちの許可なしには、それをなさらないのです。ですから祈りましょう、「神さま、私の中にはあなたに反抗する何かがまだあります、石のような心を私はどうすることもできません。自分では取り除けません。しかし、あなたにはおできになります。あなたを信頼します」と。まだ問題解決ではありません、真の問題解決が始まったのです。問題の根っこを神が取り扱ってくださると信じたこの日から、神は私たちの内にご自身のわざを現し続けることができるようになったのです。「打ち砕かれ悔いる心を、神よ、あなたは侮られません」(詩編51編19節)。

ダビデは祈りました、「神よ、わたしの内に清い心を創造し」てください(詩編51編12節)と。聖書によれば、神に属していないものはきよくない、汚れているのでしたね。ではきよい心はどうでしょうか。「神のものとされた心」です。あなたは神があなたの中にある石の心を打ち砕いてくださると信じました。「わたしは、キリストと共に十字架につけられています。わたしが今、……生きているのは、……神の子に対する信仰によるものです」（ガラテヤの信徒への手紙2章19、20節）。そうであるなら、あなたは人々に対して神が聖であるという証しなのです。神だけがあなたに新しい心、新しい霊を与えることがおできになるからです。この世の神々にはできないことです。

聖霊に満たされる

もう一つのことをお話しします。「また、わたしの霊をお前たちの中に置き、わたしの掟に従って歩ませ、わたしの裁きを守り行わせる」（27節）。今日お話ししたことすべての鍵がここにあります。自分の偶像礼拝をやめ、自分の必要を満たそうとする欲望を手放し、神に降伏して自分の道を委ねます。しかし、神が聖霊をくださるのでなければ不可能なのです。私たちには自分で罪を取り除いたり、赦したりする力がないのと同じように、神の力の満たしなくしては、自分の道を手放して神に委ねることもできないのです。これが鍵です。ここによい知らせがあります。もしあなたがクリスチャンであるなら、聖霊はすでにあなたの内におられます。どうか入ってくださいとお願いする必要はありません。律法の要求を満たすだけでなく、聖霊が、もっと深い神との親しい交わりの中に私たちを歩ませてくださるのです。

ではは聖霊がすべてのクリスチャンの内におられるのなら、なぜ多くのクリスチャンが自分の道を神に委ねず、石の心を砕いていただかないのでしょうか。それは聖霊が彼らを満たしていないからです。みなさん、聖霊はあなたの内におられます。しかし、私たちが自分の中にある必要を本当に理解して、神に聖霊を満たしてくださいと祈るまでは、聖霊は満ちてくださらないのです。

一つの例えをお話ししましょう。私は自分の家を建てました。「イエスさま、私の家に住んでくださいませんか」。イエスは私の家に来て住んでくださいました。「イエスさま、毎日お会いしてお話ができますか」。「もちろんだよ」。それから毎朝イエスの部屋に行きました。でもいつしか忙しくなって行かなくなり、2~3週間が過ぎました。ある朝部屋の前を通ると、イエスが座っているのが見えました。「イエスさま、もしかして毎朝そこで待っておられたのですか」。「そうだよ、約束しなかったかい」。そして、イエスは言われます。「そろそろ帰らせてもらうよ」。「そんなこと言わないでください。ずっと住んでください。」「そうか、一つだけ条件がある。この家の権利書を私にくれないか」。「えっ、私の家なんですが。わかりました。これです」。彼は言います、「じゃ、今から私の家を一周しよう」。いっしょに周ってみると、私が今まですばらしいと思っていたものは、実は醜い、ひどいものでした。イエスさまは、あるものは捨て、あるものは新しく造り直してくださいました。それはすばらしい体験でした。全部の部屋を周ったと思った時、「あのドアは何だい」と聞かれます。「ただのクローゼットですよ」。「何が入ってるんだい。鍵がかかってるね」。「ええ、この家はもうあなたものですが、ちょっとは私のものを入れておく場所があってもよいかと」。「鍵をくれないか」。「イエスさま、もう全部あなたのものですよ」。「鍵をくれないか」。「いやです」。すると、イエスは権利書をわたしの手に戻します。「全部渡してくれなければ、私の家とは言えないよ」。そこで私は鍵を差し出します。「わかりました、これが鍵です。この家はあなたのものですから」。

みなさん、この話は何を意味しているでしょうか。私たちがなぜ聖霊に満たされないのか、その理由を示しています。私たちが鍵を握っているのです。本当に小さな部分かも知れません。でもそれによって権利を渡さないでいるのです。あなたの人生の夢かもしれません。付き合っている彼、彼女かもしれません。自分で握って離さないあなたの子どもかもしれません。趣味かもしれません。家かもしれません、みなさん、偶像から決してきよめられることはないのです。やわらかい肉の心を持つことはできないのです。私たちが聖霊をお客さまではなく、所有者として迎えるまでは。聖霊が満たしてくださる時に何が起こるでしょうか。神の道を歩くことができるのです。純粋なものとしてくださいます。真実なものとしてくださいます。正しいものとしてくださいます。善であるように、公平なものに、そしてそれ以上に、私たちを愛するものとしてくださいます。このお方だけが聖なるお方だということを世界に知らせるためにです。

みなさんにお聞きします。みなさんの内にある偶像礼拝を神に委ねましたか。あなたの人生、これが大事だと思っている必要を神の手に委ねましたか。あなたの真の必要を神に示していただきたい、それを満たしていただきたいと願いますか。わたしの固い石の心を砕いてくださいと祈ったことがありますか。自分のやり方を手放して、神のやり方を受け入れるのです。自分の権利を手放すのです。そうして神があなたに聖霊を満たしてくださると信じましたか。もしまだですと言われるのなら、今日そうすることができます。この世界はどうしたら神が聖なるお方だと知ることができるでしょうか。私たちの内に現わされる以外にないのです。C・S・ルイスは言いました。「ホーリネスなんてつまらないという人は、それを見たことがない人です。もし本物を見たら欲しくてたまらなくなるのです」と。みなさんどうぞお立ちください。

（文責：峯野慈朗）

〈聖会Ⅲ〉

神の愛の諸相

ジョン・オズワルト

エフェソの信徒への手紙2章19～3章1節
3章14～19節

この説教では、神の救いの目的がどのように私たちのうちで具現化されていくのかを考えていきたいと思います。ある人たちは神の救いの目的というと、「十字架で神の赦しを経験したら十分である」と考えます。しかし、神の救いの目的は十字架の赦しだけではなく、神ご自身が私たちのうちに住むことによって、私たちが聖なる者とされることも含むのです。

神の救いの目的は、私たちのうちに住まわれること

パウロはエフェソ書の中で、十字架の最終的な目的とは「イエス・キリストの十字架の死により、私

たちが聖なる者とされること。そして神ご自身が私たちの内に住み、その愛によって私たちを満たすこと」だと述べています（エフェソ1章4節、2章22節、3章17～19節）。別の表現を使うなら、神は私たちのうちに住まわれるために死んでくださったとも言えるのです。

出エジプト記に表される内住の神

この内住の神については、出エジプト記の中にも表されています。出エジプト記1～18章には、神が奴隷のイスラエル人を恵みによってどのように救い出したかが書かれています。もし「奴隷状態のイスラエルの民を救い出すこと」だけが神の目的だとするなら、出エジプト記は18章で終わっても良かったはずです。しかし、19章以降で彼らは次のステージに招き入れられています。それは神に完全に従いながら神と共に歩むというステージです。さらに25章以下で幕屋について言及され、いよいよ神がイスラエルの民の中に住まわれるということが書かれているのです。このように神がイスラエルの民をエジプトから救った目的は、神がその民の内に住まわれるためだったのです。

ヨハネの福音書に見る内住の神

同じことが新約聖書のヨハネによる福音書13〜16章にも見ることができます。これは最後の晩餐の説教と言われるところです。イエスは十字架を前に、弟子たちに何を語ろうとされたのでしょうか。罪の赦しや天国についてなどの重要な教理についてと思われるかもしれませんが、そのようなことは書いてないのです。実際に書かれているのは、「聖霊が彼らのうちに住まわれるようになる」ということについてです。なぜなら、それがイエスの十字架の目的だったからです。どういうことかというと、イエスの十字架の血によって清められた私たちの内に、神ご自身が住まわれるということが目的だったのです。もちろん、罪の赦しが重要でない訳ではありません。神は汚れた神殿には住めないので罪の赦しと清めはとても重要です。しかし、赦しは手段であって目的ではないのです。最終的な目的は神が私たちのうちに住んでくださるということなのです。

私たちの生き方は内に住まわれるキリストを反映しているだろうか

パウロは、エフェソの信徒への手紙で、神が私たちの内に「満ちみちている」（1章23節・口語訳）と言っています。もし、そのようにイエスが私たちのうちに住んでくださるとするならば、私たちの生き方はどう変わっていくでしょうか。妻や夫との向き合い方、部下への接し方、お金の使い方、隣人との向き合い方などなど、私たちはキリストが内におられる生き方を普段の生活の中でどのように反映しているかを考えなくてはなりません。もちろん、これは簡単なことではありません。私たちはいつもイエスの姿を反映できるわけではないからです。このことを考える時に、私たちのうちに、神が満ちるほどに臨在してくださるということは本当に可能なのだろうかと、自分自身の心を探られる思いがするのです。

内なる人を強めてくださいますように

そのような人間の弱さを知るパウロは、エフェソの信徒への手紙3章16節で、まず「内なる人を強めて」くださいと祈っています。それはパウロが、神の力によって内なる人が強められる時に、初めて内住のキリストを表すことができるようになると考えていたからなのです。では、内なる人が強められるとは具体的に何を指すのでしょうか。また、どのような変化が私たちの内に起こるのでしょうか。そのことをパウロの祈りの中から3つのポイントに分けて見ていきたいと思います。

(1) キリストの愛に根差すようになる

パウロは17節で「信仰によってあなたがたの心の内にキリストを住まわせ、あなたがたを愛に根ざし、愛にしっかりと立つ者としてくださるように」と言っています。信仰によって心の内にキリストを住まわせるのです。キリストが心の内に住んでくださることにより、キリストの愛に根差し、その愛という土台の上にしっかりと立つ者としてくださると言うのです。そのためには、私たちが信仰によって、神の愛を受け入れる決断が必要なのです。

(2) 神の愛の様々な側面を理解することができるようになる

次にパウロは18節で、「あなたがたがすべての聖なる者たちと共に、キリストの愛の広さ、長さ、高さ、深さがどれほどであるかを理解」するようになると言っています。ここで使われている「理解する」というギリシア語はとても複雑な言葉で、「しっかり握る」、「自分のものにする」、「獲得する」などの意味があります。つまり、パウロは単に知識を得て理解するだけでなく、神の愛をしっかりと握るようになって欲しいと願っているのです。

これはとても重要なことです。なぜなら多くのクリスチャンが神に対して、裁きのイメージが強く、神の無条件の愛を見失っているからです。私たちは神の大きな愛を知るまでは、神の愛に満たされるということはできないのです。神の愛は、私たちには理解できないくらい広く長く高く深い愛なのです。私たちは、神が私たちを救うため人となり地上に来られたという驚くべき愛をもう一度心に留めなければいけません。神の愛は宇宙のように広く、一人の罪人に届くほどに長く、その愛の深さに比べれば、赦されない罪などないのです。

(3) 人知を超えた神の愛を知るようになる

神の愛の諸相をしっかりと握ることができるようにというだけでなくて、19節で、パウロは「人の知識をはるかに超えるこの愛を知るようになり、そしてついには、神の満ちあふれる豊かさのすべてにあずかり、それによって満たされるように」と言っています。よく考えてみると、「知ることができないことを知る」というのはおかしいですよね。しかし、これこそ、神が私たちの内に住まわれる目的なのです。つまり、私たちがキリストの愛に満たされ、神の愛の広さ長さ深さ高さを個人的に経験していくことが目的なのです。このことをホーリネスといいます。時折、私たちはホーリネスという言葉の意味を間違って捉えてしまうことがあります。ホーリネスの本来の意味は、自分の努力で正しく生きるようになるのではなく、自分の正直さを誇ることでもなく、他の人々も自分のように正しくなって欲しいと思うことでもないのです。ホーリネスとは、神の愛に満たされることなのです。

なぜ私たちは神の愛がわからないのだろうか

皆さんの中に、このキリストの大きな愛を知らないという人がいるかもしれません。また知識としては知っているけれども、個人的な体験として愛を知らないという人もいるかもしれません。なぜ私たちはこのすばらしい神の愛を経験できないと思うのでしょうか。それには大きく2つの理由が挙げられます。

(1) 神の愛を受け取るのではなく、勝ち取ろうとしているから

私たちは、神の愛を受け取るのではなく、勝ち取ろうとしてしまうのです。これは信仰深く聞こえるかもしれませんが、実は人間の高慢に根差しているのです。なぜなら、神の愛を努力で勝ち取るということは、「私は努力しているから神の愛を受け取る価値がある人間だ」という具合に、自分の行いを誇る態度なのです。また逆に「私がもう少し良い人になれば、神は私を愛してくださるかもしれない」とか、「私は神に愛される資格のある者になれるよう頑張ります」という自己卑下的な態度も、私たちを神の愛から遠ざけてしまいます。これも自分の努力や行いに焦点が当てられているからです。

神の愛は、私たちの努力や行いにかかわらず、一方的な恵みによって与えられるものです。恵みというのは、私たちが自分の努力に基準を置き、誇ったり落ち込んだりするのではなく、ただ神の前に謙遜になる時に受け取ることができるものなのです。もし、皆さんが頑張る信仰に力点を置いている

のなら、ただ神の愛の滝の下に自らを置きませんか。神は罪人のあなたを選んだのだということを今一度受け止め、神の愛に自らを委ねてみてください。

(2) 私たちの内にある劣等感が弱さを認めるのを拒む

もう一つの理由は、私たちのうちにある劣等感です。私たちは劣等感のゆえに、自分の弱さを認めることができず、結果的に神にすべてを委ねることができないのです。サウル王が良い例です。彼は人の前ではもちろんのこと、神に対してさえも弱さを認めることができず高慢になっていました。なぜなら、彼の心は劣等感という鎖に縛られていたからです。あるときはダビデと比べ嫉妬に燃えました。それは彼が自分の存在価値を人々の評価においていたからです。それゆえ、ダビデが自分よりも高い評価を受けるようになった時、自分自身の存在価値が揺らいだのです。サウル王は、ありのままの自分を認めることができず、神の愛を受け取ることができなかったのです。

内なる人が強められるとき、愛に満たされる

私たちも神の愛を勝ち取ろうと努力したり、劣等感が邪魔をしたりして、素直に神の愛を受け取るのがむずかしいときがあるのではないでしょうか。ですから、パウロは「あなたがたの内なる人を強

くしてくださるように」と祈ったのです。それは、私たちの内にある古い自分が過ぎ去り、内なる人が強められることによって、キリストが私たちのうちに住み、神の大きな愛を抱くことができるようになるためなのです。その時、私たちは人知を遥かに超えた神の愛を体験することができるようになるのです。

この日本で神の愛を表す者となる

これまで見てきたように、神の救いの究極的な目的は、ただ私たちを罪から救うだけでなく、私たちのうちに住み、その溢れるほどの愛によって私たちを聖め、周りの人々に神の愛を示すことなのです。私たちはそのようにして社会に遣わされているのです。現代の日本社会におけるニーズはなんでしょうか。孤独死や自死など様々な社会の闇が蔓延する社会において、神はギデオンの３００人の戦士のように、弱くとも神に自らを明け渡す３００人の人たちを必要としているのではないでしょうか。そして、そのような人々を通して、神の愛が人々に注がれることを願っておられるのです。皆さんの周りにも「自分のことを気にかけて欲しい」、「愛して欲しい」というニーズを抱えた人がいませんか。もし私たちの内に神の愛が注がれるなら、私たちは喜びを持って自由に愛を注ぐものとなり遣わされていくのです。

皆さんも神の愛に自らを委ねませんか。ありのままを愛してくださる方に自らを委ねていきませんか。自分自身を縛る劣等感を神の前に明け渡して、神の満ち満ちた愛に自らを委ねていきませんか。もし、あなたがそのことを実践するなら、周りの人々は、あなたの内側にいるイエスの姿を見ることになるのです。

（文責：阿部頼義）

〈早天聖会Ⅰ〉

神の愛の鞭

千代崎備道

詩篇119篇1～16節

私にとってケズィックは、毎年楽しみな、リラックスしてリフレッシュする、御言葉の恵みにあずかる幸いな時なのですが、今年は緊張しています。祈りつつ備える中で、詩篇119篇が示されました。119篇は特別な詩篇です。176節と、詩篇の中で一番長い。もう一つの特徴は、1～8節は全部、節の最初がヘブル語のアレフというアルファベット、英語のAにあたるもので、9～16節は全部Bと、8節ごとにABCとなっています。口語訳などは小さな括弧にいれてアレフ、ベスと書いています。

さて詩篇には「流れ」があります。祈りの詩篇は、何かがあって苦しみ、神に「なぜですか」と嘆いていたのが、途中で「昔、神は私を救ってくださった。イスラエルをエジプトから救い出してくださった」と思い出したときに、神を信頼して心が落ち着き、「助けてください」と祈る。祈っていくと、さらに信仰が増して、救われる確信が与えられ、救われた気持ちになり、感謝と賛美があふれ出す。こういう「流れ」が、それぞれの詩篇にはあります。でも119篇のようなアルファベット詩篇は流れを作り難いのです。ABC順に並べることが先に出てしまう。そういう詩篇は、一つのテーマが全体を貫くものとなります。119篇のテーマは「御言葉のすばらしさ」です。

1節を口語訳で読みます。「おのが道を全くして、主のおきてに歩む者はさいわいです」。原文では、幸いなことよ、という言葉が最初で、最近の翻訳は「幸い」から1節を始めます。神は私たちが幸いな、祝福に満ちた人生を歩むことを願っています。創世記では、神はアダムを造り、祝福されました。アブラハムには祝福の基（口語訳）となり、全世界が子孫を通して祝福されるように言われました。福音書ではイエスが山上の垂訓の冒頭で「幸いなるかな、心の貧しい人」と教えています。旧約でも新約でも神は「幸いな人生」を願っておられます。詩篇も、第1篇は「幸いなことよ」と始まり、悪を離れ、み教えを喜び御言葉を口ずさむ人が幸いだと教え、その教えが119篇に繋がっています。

119篇は、ほぼ全ての節で御言葉について語られています。律法、おきて、さとし、あるいは主の道など、様々な言葉が使われていますが、御言葉がどれほどすばらしいのか、176節、ずっと教えています。御言葉によって歩むならば、どう幸いなのでしょうか。私たちは「おのが道を全くすることができる」。「完全な道」、また「全き道」とも訳せます。聖めの生涯とは全き道を歩むことで、そういう人は本当に幸いです。でも自分は全き道を歩んでいるでしょうか。失敗だらけです。

私は10歳の時にイエスを信じて救われた後、罪について悩むようになりました。毎年のキャンプでメッセージを聞く度に「自分は救われたはずなのに罪がある。救われてないいんじゃないか」。やがて救いの確信が与えられても、まだ罪があって悩んでいたときに、「それは聖めを求めているんだよ」と言われた。その時から聖会に、求めて出席するようになりました。毎年、恵みの座に出ても、これだというものを掴めないまま、中、高、とうとう大学四年、最後のキャンプの、最後の「恵みの集会」です。その集会でも、どうすることもできなくて外で祈っていた。そのとき心の奥を探られた。「何のために聖めを求めているのか」。罪の悩みから解放されたい。他の人のような聖めの証しができるようになってすばらしい信仰だと思われたい。結局、自分のためです。聖めを求める思いにさえ自己中心の罪が入り込んでいる。なんて自分は罪深いのかということを突きつけられたときに、聖めを求めることさえもできなくなってしまいました。

「神さま、もう聖められることもあきらめます」。中学生の時していた献身も何のためか。父のように有名な牧師になりたいからだと気がついたとき、「神さま、こんな人間は献身できません」。聖めも献身も手放して全面降伏したのです。そのとき、初めて神が語りかけてくださった。「もし、私たちが自分の罪を告白するならば、神は真実で正しい方であるから、その罪を赦し、全ての不義から私たちをきよめてくださる」。有名な第一ヨハネの御言葉、何度も聞いたことがある。その言葉が初めて心に響いてきました。聖霊が、「すべての不義からきよめる」と言ってくださったのです。これが私にとっての聖めの経験です。その時から罪を犯さなくなったかというと、同じ失敗をする。でも御言葉が私にとって聖化の根拠となったのです。自分の根拠ではなく、語られた御言葉が私を聖めてくださいます。

119篇に戻ります。9節「若い人はどうしておのが道を清く保つことができるでしょうか。み言葉にしたがって、それを守るよりほかにありません」。聖めは、御言葉に従う生き方です。11節「わたしはあなたにむかって罪を犯すことのないように、心のうちにみ言葉をたくわえました」。暗唱聖句は苦手ですが、先ほどの御言葉は心にとどまり続け、私を聖めてくださいます。聖化は、御言葉によるのです。もちろん、背後には十字架の血潮があり、全てを明け渡す服従があります。でも神が語られた言葉が実現していく。「光あれ」と言われたら、「光がある」ようになる。これが御言葉の力です。

神が「きよくする」と言われても、聖くなるには時間がかかります。聖化には二つの面があります。一つは瞬間的聖化あるいは危機的聖化と言われ、ある一つの時に神が私たちを取り扱ってくださって、特別な恵みが与えられて聖められる。もう一つは漸進的聖化で、少しずつ時間をかけて聖めていただくという聖化です。「きよめ派」では伝統的に瞬間的聖化を強調しますが、聖められた後に聖めの成長があると教えています。漸進的聖化を教える教派で育った方が、自分の罪深さを知らされて神の前に進み出る、という特別な時を経験することがある。聖化の二つの面は、どちらも大切です。

第一ヨハネの聖句と共に、もう一つ示されたのが、ヘブル書12章6節です。「主は愛する者を訓練し、受け入れるすべての子を、むち打たれるのである」。なぜこの御言葉が示されたのか、分からないけれど心にとどまりました。おぼろげですが、「神様は私を訓練されるのかな」と思いました。その後、献身も白紙に戻していたので就職して教師となり三年目、強制的に御言葉を突きつけられ、神学校に入りました。卒業後、三年の牧会、さらに聖書を学ぶため留学しました。牧会も留学も訓練でした。特に留学は苦労しました。力不足のため行き詰まり、論文が一行も書けなくなって帰国しました。挫折と失意の中、妻の実家、広島教会の白根先生が受け入れ、副牧師として用いてくださいました。月二度の礼拝と、毎週の聖書研究会の奉仕です。詩篇を1篇ずつ教えるうちに、準備する自分が恵まれ、御言葉に養われ、恵みを伝える喜びを味わうようになっていきました。疲れ切っていた魂が、御言葉と取り組む喜びによって、生き生きし始めていったのです。150の詩篇を全てやり終えたとき、詩篇は私にとって大切な書となったのです。子どもの頃は苦手だったのが、詩篇のすばらしさを感じるようになりました。

様々な訓練の中で、御言葉がどれほど私を励まし、潤し、燃やし、喜びを与えたことでしょう。厳しいことを言われることもあります。小林先生が「御言葉に叱られる体験をしたことがありますか」と言われました。神に叱られるというのは大切な経験です。御言葉が心にぐさっときます。

御言葉が心に示されるとき、三つのタイプがあります。一つは、私にとって必要な、求めていた御言葉が示され、力づけられ、恵みに満たされる。二つ目は聞きたくない御言葉。自分でも分かっている、こう言われるのじゃないか。聖書を読んでいても素通りする。それを神はあえて突きつけてくる。三番目は、意外な御言葉。なぜ神は今日、私にこう語られたのか分からない。私には関係ないと思う。理解はできない。でも、神の言葉として受け止めていくときに、後から分かってきます。どんな御言葉でも、神が語ってくださるならば、分かるとか分からないとか、都合が良いとか悪いとかではなく、神からの言葉として受け取り、従っていく。そこに神が働いてくださるのです。

聖書の言葉は、時には厳しい鞭です。詩篇23篇「あなたのむちと、あなたのつえはわたしを慰めます」。この杖は羊飼いの杖です。羊飼いは襲ってきた狼を、この杖で撃退する。羊にとっては、自分を守ってくれる慰めです。でも鞭はどうか。その鞭が自分に対して使われたらどうでしょう。今日の説教題は「神の愛の鞭」です。鞭を打つ方は「これは愛の鞭だ、あなたのためだ」と言う。でも打たれる方は痛いし、打たれたくない。神は、愛の鞭だから我慢しろと言って鞭打つお方ではありません。

ホセア書11章に「わたしは、人間の綱、愛のきずなで彼らを引いた」と書かれています。神がイスラエルを、動物にするように綱で引かなければならなかったのは、神に従わない彼らが滅びに向かっていたからです。だから神は彼らを綱で引いていくのです。でも動物用の荒い綱ではなく、人間のために作られた優しい綱です。神は傷つけようとは思っていない。神の導きに逆らって反対に向かうなら、綱によって痛い思いをする。でも神は、私たちを痛めつけるのではなく、愛によって導こうとしておられる。愛の鞭です。イエスが打たれた鞭は先端に貝殻か何かが付いていて、打てば皮が裂ける、痛めつけるための鞭です。神が私たちを鞭打つのには、傷つけるためではなく、私たちを癒やし、聖め、教えるためなのです。御言葉の鞭は、痛みを感じることがあっても、痛んだ部分を神の前に持ち出すなら、その御言葉によって造り変えられていく。神の御言葉は愛で満ちた鞭です。

数年前に聖会で小林先生が祝祷をされたとき「聖霊の懇《ねんご》ろなお取り扱い」と言われました。「懇ろ」とは「丁寧な、心のこもった」ということです。聖霊が心を込めて丁寧に扱ってくださる。御言葉を通して語りかけ、心の深みにまで手を伸ばして、罪を示し、悔い改めに導き、信仰を与え、キリストに似た者となるように取り扱ってくださる。これが御言葉の愛の鞭なのです。

聖めの体験は、危機的な体験でも漸進的な体験でも、神は御言葉を通して語ってくださる。厳しい言葉でも、愛に満ちた御言葉です。頭では分かっていても、「なぜ」と思ってしまう。本当に自分は聖められるのだろうか。御言葉を、その通りに受け止められない自分が顔を出すことがあります。

119篇の有名な御言葉を二つ紹介します。一つは105節、「あなたのみ言葉はわが足のともしび、わが道の光です」。昔の提灯は足元だけ照らし、遠くには光が届かない。神は先のことを教えてくださらなくても、今日必要な御言葉で道を照らしてくださいます。130節、「み言葉が開けると光を放って、無学な者に知恵を与えます」。時にはパーっと光を見せてくださることもある。神はいつも私たちに御言葉の光を与えて導こうとしていてくださる。その御言葉に全面降伏して従うならば、どれほど多くの恵みを神はくださることでしょう。救い主の母となったマリヤが御告げを受けたときに、最後には「おことばどおり、この身になりますように」と従いました。だからイエスはこの世に誕生することができました。もし私たちが神の御言葉を聞いたときに、「おっしゃるとおりです。そうしてください」と従うなら、神の恵みの御業が始まるのです。聖霊が私たちに語ってくださったとき、「そのとおりにしてください」と言うことができたならば幸いです。

16節「わたしはあなたの定めを喜び、あなたのみ言葉を忘れません」。「定め」は律法です。聖めの人生とは、神が日々与えてくださる御言葉を喜ぶ人生です。神は私たちに幸いな人生を送って欲しくて、今日も、神は御言葉を懇ろに語ってくださいます。その御言葉を、その通りですと受け止める。「神様、何を語っても良いですから、どうぞ私に語ってください」という思いで、御言葉の前に出させていただこうではありませんか。そのとき、あなたにも幸いな人生が始まるのです。

〈早天聖会Ⅱ〉

原点に戻ろう

マタイの福音書28章1〜10節、16〜20節

横田 法路

私は幼い時から、牧師である父から何度も夢の話を聞きました。父と私が飛行機に乗っていて、墜落するという話です。墜落しようとする時、父は私に覆いかぶさるようにして「愛する息子よ、大宣教命令を忘れるな」と言う。そういう話を聞いて育ちました。

私たちの信仰生涯、教会の営みにおいて大切なことはたくさんあります。でもその中で、いつの間にか大宣教命令が忘れられていないでしょうか。忘れていなくても焦点がぼけてきていないでしょうか。私自身反省させられています。大宣教命令は、イエスが最後に弟子たちに遺言のように残された命令です。これがぼけてしまう時、世界中の教会にいろいろな問題が出てきます。シンガポールのエドモント・チャン師は5つの症状があらわれてくると言います。①疲れ切った働き人、②リーダーの不在、③新たに信仰を持つ人が増えない、④成長しない問題を抱えたセルグループ（夫婦関係、人間関係)、⑤罪にとどまった生活。程度の違いはあれ、日本だけではなく、世界で教会が抱えている問題ではないかと言われます。その原因は、大宣教命令の中心である「キリストの弟子が育っていない」ことにあるのです。

日本の教会がもっと生き生きして、教会を生み出していく教会となることを願っています。そのために大切なことは、イエスが語られた大事な使命に立ち帰り、力を注いでいくことではないかと示されています。

マタイの福音書24章で世の終わりの前兆がイエスによって語られています(3～13節)。異端、戦争、自然災害、迫害……、ここを読む時、今日、世の終わりが近づいているのではないかと思います。いろいろな困難があって、たいへんだと思うかもしれません。そのような困難が私たちの宣教を妨げるのではないかと思います。しかし、イエスは続いてこう言われました。

「(そして)御国のこの福音は全世界に宣べ伝えられて、すべての民族に証しされ、それから終わりが来ます」(14節)。それらの困難は宣教の妨げにはならず、むしろこれらのことを通して、福音は全世界に宣べ伝えられていくと言われるのです。このことを私たちは真剣に受け止めたいと思います。

さらにマタイの福音書24章13節と14節の間に入るべきものが28章18～20節です。

「イエスは近づいて来て、彼らにこう言われた。『わたしには天においても地においても、すべての権威が与えられています。ですから、あなたがたは行って、あらゆる国の人々を弟子としなさい。父、子、聖霊の名において彼らにバプテスマを授け、わたしがあなたがたに命じておいた、すべてのことを守るように教えなさい。見よ。わたしは世の終わりまで、いつもあなたがたとともにいます』」。

この大宣教命令の中に、どのようにして福音が全世界に伝えられていくかという宣教方法が、示されているのです。世の終わりの前兆として苦難は起こるけれども、その中でキリストの弟子が育てられ、遣わされていくのです。そのようにして、御国の福音が全世界に広まり、それから終わりが来るのです。

この大宣教命令には、四つの動詞が出てきます。その中心の動詞は「弟子としなさい」です。「行く」「バプテスマを授ける」「守るように教えなさい」というのは、このメインの「弟子としなさい」をサポートするものです。

今日の日本の文化は消費文化の影響を強く受けています。ちょっとでも安いところ、サービスの良いところに人は流れます。教会もクリスチャンもいつの間にかその影響を受けているのかもしれません。あの教会は説教がいい、この教会は楽しい子どものイベントをやっている、というように「良いサービス」を提供してくれる教会に人は流れる。牧師のほうも、良いサービス、良い説教、良いプログラムを提供しなければ人は来ないし、離れていくと思っているのではないでしょうか。もちろん初めて教会に来る人は、何か良いことがあるのではないかと期待します。それをわかりやすく提供するのは大切なことです。しかしながら問題は、クリスチャンをいつまでもお客さんのままでとどめてしまっていることです。クリスチャンの寿命は三年半と言われます。三年半経ったら教会から離れてしまっているということです。平均ですから何十年の方もいれば、一年も経たずに離れてしまう方もいます。洗礼を受けて救われることは大事ですが、そこで終わってはいけません。「キリストの弟子を育てる」という大宣教命令を正面から受け止め、取り組まなくてはならないのです。

弟子とはキリストに学ぶ者です。単に知的に学ぶというのではなく、イエスについて行きながら全人格的に学ぶのです。イエスは具体的に三つのことを語られました。

1　行って

弟子を育てる上で、これまで「行って」という部分が幾分弱かったのではないでしょうか。教会は「教える会」と書きます。教会に集まって講義を受けたら、キリストの弟子になると思っているかもしれません。それも大切です。しかし、イエスは行って、あるいは行きながら弟子を育てられました。生活を共にし、時間を共にしながら育てられたのです。日本の教会も、イエスが言われた通りに生活を共にし、時間を共にし、生き方を分かち合いながら、弟子を育てることに取り組むことが必要です。

東日本大震災後、九州のいくつかの教会が協力して「サンタプロジェクト九州」を立ち上げました。東北のために何かしたいという思いを教会が受け止め、地域の方々からプレゼントを預かって持っていくという働きです。ネットワークを通して、クリスマス・プレゼントを小学校や仮設の方々に届けました。二年目にある未信者の方を連れて行きました。奥さんはクリスチャンで、結婚前にこの男性と聖書の学びをしましたが、イエスを受け入れることはありませんでした。その彼が、12月初旬に三泊四日で、このサンタプロジェクトのボランティアツアーに参加したのです。十数人で行って、いろいろなことを話し、いろいろなことを見て帰ってきました。翌年の4月、イースターの一週間前に彼から電話がありました。「先生、洗礼を受けたい」。びっくりして「何が起きたの」と聞きました。彼はいろいろなことを考えて洗礼の決断をしたそうです。洗礼を受ける時に彼は証しをしました。

「教会はいいなと思っていたけど、イエスさまを信じるとか、洗礼を受けるのはいやだと思っていた。なぜかというと、私は広い生き方をしたかった。何か一つを選ぶというのは、自分の生き方がそれだけ狭くなるのではないか、自分は何にもとらわれないで自由な生き方をしたい。そう思っていた。ところが、サンタプロジェクトで東北に行って、クリスチャンや未信者との驚くような出会いがあった。そこで、今まで経験したことのないような世界を経験した。イエスさまを信じることで逆に世界は広がるんだということがわかった」。

彼は洗礼を受けてクリスチャンになり、今は「九州キリスト災害支援センター」の本部長として、支援活動の中心となって働いています。

今までの宣教は、どちらかと言えば対面で「神、罪、救い」を一生懸命説明してきたのかもしれません。もちろんそれは今も大切です。でもそれだけではなく、社会の課題にクリスチャンとノンクリスチャンが一緒に取り組んでいく中で、生き方や歩みを通して福音を分かち合っていく宣教があるのではないかと思います。また一緒に歩んでいく時に、弟子が育てられていくことを教えられるのです。「サンタプロジェクト」を通して次の年も一人救われ、その次の年もまた一人救われ、キリストの弟子として成長しています。これはイエスが言われた、「行って」「行きながら」弟子を育てるということではないかと思います。

2　バプテスマを授ける

クリスチャンの交わりは、三位一体の神の愛の交わりから始まります。洗礼は教会の愛の交わりに加えられるというだけではなく、三位一体の神の愛の交わりに加えられるということです。その交わりは豊かな交わりです。神は私たちの理解を超えるほど豊かなお方であることを、三位一体の神は教えているのです。父なる神はイスラエルの民を創造し、育て、時には戒めながら導いてくださるお方です。イエス・キリストは私たちの罪の身代わりとなり、神の律法を100%成就し、私たちのために十字架で死んでくださいました。聖霊は神の愛と救いを一人一人に当てはめ、神の愛を体験させてくださるお方です。父なる神は子なる神を愛し、子なる神は父なる神を敬い、聖霊は子なる神・キリストを証しするという、三位一体の愛の交わりの中にあります。互に愛し、互いに仕え、互いに敬っている。それはあたかも愛のダンスを踊っているかのようです。

イギリスに留学していた時に、夫婦で社交ダンスに参加したことがありました。ところが私たちは全くの素人で、全く踊れませんでした。見かねた一組の夫婦が近づいてきて、奥さんと私、妻とご主人、それぞれペアを組みかえて踊るようになりました。私はその奥さんのリードに従って、ステップを踏み始めました。「前、後ろ、前、後ろ、はい、ここで回って」というささやきに合わせて。するとだんだんテンポも合ってきて踊れるようになったのです。その時に学んだのは、力を抜くことの大切さです。

御霊による歩みもそうです。私の考え、私の計画、私のやり方にこだわりを持ち続けていては聖霊と一緒に踊れないのです。聖霊の促しを受けながら、神の愛のささやきを耳にしながら、肩の力を抜いてワンステップずつ歩むことです。「御霊によって歩みなさい」（ガラテヤ人への手紙5章16節、25節）

というのは、御霊とステップを合わせることです。伝道とは、すばらしい神の愛に包まれて、楽しく踊るダンスパーティーへの招待状を届けるようなものです。この神の愛の交わりに加えられ、愛のワルツのステップを踏んでいく時に、御霊の実が結ばれていくのです。

3　守るように教えなさい

キリストの弟子が育てられていくには、キリストの言葉を聞くだけで終わってはいけません。イエスは山上の説教で「聞いて行う者となりなさい」と言われました。私たちもただ教えるだけではなく、神のみ言葉が実践されていくように導かなければなりません。

でも、イエスの命令を自分は本当に実践できるのだろうかと不安に思うかもしれません。しかしこの命令は、神のすばらしい約束のサンドイッチになっています。イエスは「すべての権威」(28章18節)を持っておられます。世の終わりの前兆として、迫害、異端、自然災害、戦争が起きてくるでしょうが、「世の終わりまで、いつもあなたがたとともにいます」(同20節)と約束してくださっています。私たちが出くわす困難の只中に、イエスも一緒にいてくださるのです。傍観者ではありません。イエスは私たちの慰め、励まし、宣教の動力となってくださるのです。

この弟子たちは、どの場所から宣教に遣わされたのでしょうか。ガリラヤです。エルサレムではありません。なぜでしょうか。ユダヤ人にとっての中心地はエルサレムで、ガリラヤまでは120㎞も離れています。歩いて三日間はかかります。なぜわざわざガリラヤまで行かなければならなかったのでしょうか。弟子たちはイエスを裏切り、失望させ、自分自身にも失望していました。その弟子たちに、「ガリラヤに行くように言いなさい。そこでわたしに会えます」（10節）と言われました。それは、ガリラヤは弟子たちが最初にイエスに出会った場所だったからです（4章18～22節）。イエスは弟子たちを最初の愛に連れ戻し、そこから遣わされたのです。弟子の道は律法の道ではありません。イエスの愛に感動し、このお方についていきたいと自ら願い、愛し、従っていく愛の道だからです。

私たちにもそれぞれのガリラヤがあるのではないでしょうか。私にとってのガリラヤは、高校二年生の時の青年全国大会でした。そこで神の愛、十字架の愛が迫ってきました。そのイエスの愛に応えて生きていこうと決心した場所です。何かあるごとに、その原点に戻るようにしています。

弟子の道は愛の道です。イエスに愛され、イエスを愛して生きる。この弟子の道を最初から最後まで支える土台は、イエスの贖い、十字架の愛です。この愛の上に立ち続け、応答し続けるのがキリストの弟子の道なのです。

〈レディース・コンベンション〉

神の国の敬虔と報い

アリソン・リスブリッジャー

マタイによる福音書6章5〜15節

何年も前に小学校で教師として働いていた時、校長が学校を去ることになり、代わりの方を見つけなければなりませんでした。面接を受けた女性は、見た目にも話すことにおいても強い印象を与えました。大きな改善をもたらし、職員を支え、生徒たちを励ましてくれるだろうと教師たちは思いました。しかし、実際には職員たちを支えず、落胆させました。約束した変化をもたらしませんでした。見た目には善かったのですが、彼女が語った現実には達しませんでした。

私たちは、人々が純粋であり信頼できると思いたいです。しかし、果たして私たちは自分に対して同じ標準を当てはめているでしょうか。神は私たちの心の真の姿を知っておられ、偽善者にならずに純粋であるよう願っておられます。1節に、「見てもらおうとして、人の前で善行をしないように注意しなさい。さもないと、あなたがたの天の父のもとで報いをいただけないことになる」とあります。主イエスは、これを霊的生活の三つの異なった分野に適用しておられます。与える、祈る、そして断食する三分野です。それぞれの分野において、善い印象を与えようとか、他の人々の目に留まるようにとか、尊ばれようと思ってはなりません。もしそうするなら、人々は深く感動しあなたを立派だと思うでしょうが、しかしそれはあなただけの報いであり、長くは続きません。主イエスは、あなたが与え、祈り、断食するときは、静かにしかも密かにしなさいと教えています。私たちがすることを神は見ておられ、報いてくださいます。

主イエスの約束は4節、6節、18節にあります。「あなたの施しを人目につかせないためである。そうすれば、隠れたことを見ておられる父が、あなたに報いてくださる」。「だから、あなたが祈るときは、奥まった自分の部屋に入って戸を閉め、隠れたところにおられるあなたの父に祈りなさい。そうすれば、隠れたことを見ておられるあなたの父が報いてくださる」。「それは、あなたの断食が人に気づかれず、隠れたところにおられるあなたの父に見ていただくためである。そうすれば、隠れたことを見ておられるあなたの父が報いてくださる」。もし私たちが与え、祈り、断食することが神と神のご栄光のためであり、他の人々からの称賛のためではないならば、神は私たちに報いてくださいます。私たちは神の祝福とご臨在と力を経験し、主イエスと共にいるという永遠の報いをいただくでしょう。

祈りは神との関係を成長させる主な方法の一つですが、祈りの中でさえ時々私たちは、他の人々に好印象を与えようとしていないでしょうか。主イエスは5節で「祈るときにも、あなたがたは偽善者のようであってはならない。偽善者たちは、人に見てもらおうと、会堂や大通りの角に立って祈りたがる。はっきり言っておく。彼らは既に報いを受けている」とチャレンジしておられます。人々と共に祈ることはすばらしいですが、神に向かって話していることを覚えましょう。

主イエスは、第二のチャレンジを7、8節で「また、あなた方が祈るときは、異邦人のようにくどくどと述べてはならない。異邦人は、言葉数が多ければ、聞き入れられると思い込んでいる。彼らのまねをしてはならない。あなたがたの父は、願う前から、あなたがたに必要なものをご存じなのだ」と示しておられます。もし私たちが長く祈るなら、言葉を正しく神に理解させ、私たちが望むことを神は与えてくださると考えてはなりません。神は操られるようなお方ではありません。

主イエスは続けて、「だから、こう祈りなさい。」（9節）と祈りのモデルを与えておられます。祈りの中でどのように神に近づき、神の栄光を追い求め、願いを神に差し出すかを見てみましょう。

まず第一は、神に近づくことです。「天におられるわたしたちの父よ」という言葉で主イエスは祈り始めています。もちろん、私たちの罪や失敗を神の前に持ち出すことは大切ですが、祈るときいつもそこから始める必要はありません。主イエスの十字架の死を通して、私たちは罪を赦され、神との正しい関係におかれました。祈る時、私たちは神の子として神に近づくよう招かれています。18か月前に私の父は召天しました。父は私を愛し、天の父がどんなお方であるかを多くの方法で私に示してくれました。過去数か月間、辛い日々を経験してきました。祈ると、時々神に向かって涙が流れるばかりで言葉も出ませんでした。神は私を近くに引き寄せ、私への愛を思い起こさせ、日毎に立ち上がっていくために私が必要としていた力を与えてくださいました。ヘブライ人への手紙4章16節には、「だから、憐れみを受け、恵みにあずかって、時宜にかなった助けをいただくために、大胆に恵みの座に近づこうではありませんか」とあります。忙しい私たちは、時々神のご臨在に近づくために日々の歩みの速さを落とさなければなりません。私の神ではなく、私たちの神です。女性として私たちは一緒に集まり、互いに支え合い、喜びも悲しみも分かち合い、共に神に近づきましょう。

第二は、神の栄光を追い求めることです。どのように祈るか、何のために祈るかは、私たちの心の中で起こっていることを反映します。もし私の心が自分自身の考えや必要で満ちているなら、私はそれらのことを祈ります。しかし、もし私の大きな関心が神であり神のご栄光であるなら、「御名が崇められますように。御国が来ますように。御心が行われますように」と祈りたいと思うでしょう。

「御名が崇められますように」とは、神の御名が聖とされるように願うことです。私たちは畏敬の念を持って聖なる神のもとに来なければなりません。祈る時、このお方だけが神であり、力に満ち、尊厳があり、聖であられることを覚える必要があります。私たちの心にある偶像を除き、私たちの心を変えてくださるよう神に願えば、もっと神を愛し崇め、私たちを通して神の光が輝き出るよう求めることができ、私たちの生き方は主イエスの美しさとご人格を反映します。人々は私たちの内に主の光を見て、神を崇めるようになります。

神の国は神のご支配のことですから、「御国が来ますように」とは、神の王としてのご支配がより完全に来ますようにという祈りです。主イエスは、神の新しい王国の到来を告げる王として来られました。人々に「悔い改めよ、神の国は近づいた」と呼びかけました。いつの日かすべてのことを新しくするために、王として主は戻って来られます。御国が完成された姿で到来します。「御国が来ますように」と祈る時、より多くの人々が福音に応答し、王であり支配なさるお方に明け渡すでしょう。そこにまた敵がいることを、コリントの信徒への手紙二4章4節は「この世の神が、信じようとはしないこの人々の心の目をくらまし、神の似姿であるキリストの栄光に関する福音の光が見えないようにしたのです」と語っています。しかし、敵が働いても多くの奇跡が起こっています。主イエスは王であり、何者もこのお方を止めることはできないからです。

イランでは、政府が福音伝達を必死に止めようとしており、多くの人々が安全を求めて逃れています。しかし、混沌の中でも奇跡が起こっています。多くのイランの教会は他のどの国よりも急速に成長しています。イランから私たちの所に来た友人たちは、イランにおいて夢の中で主イエスを見たと語っています。今彼らは、主イエスの最も力強い弟子になっています。北朝鮮は、クリスチャンになるのが最も困難な場所です。しかし、そこの強制収容所で主イエスはご自身の教会を建てておられます。そして、この日本において教会はまだ小さいのですが、神は働いておられ、いかなる霊的な力をも押しのけてくださいます。女性の皆様、祈りましょう。私たちには力ある神がおられます。強く雄々しくありましょう。負けてはなりません。いつの日か、主イエスは戻って来られ、すべての膝が主の御前に屈むのです。「御国が来ますように」と祈り続けましょう。家族、友人たち、近所の方々や同労者、国の政治家たちと皇室のためにも祈りましょう。日本中を覆っている闇の力を神が打ち破ってくださるよう、祈りましょう。

「御心が行われますように」という祈りは、神と神の御心に進んで明け渡す祈りです。王であるのは私ではなく神であり、私の計画ではなく神のご計画が最上であると認めることです。ローマの信徒への手紙12章2節は「あなたがたはこの世に倣ってはなりません。むしろ心を新たにして自分を変えていただき、何が神の御心であるか、何が善いことで、神に喜ばれ、また完全なことであるかをわきまえるようになりなさい」と語っています。心が神の御言葉で満たされると、私たちは神の御心を知り、神が望んでおられる私たちの生き方に変革されていきます。「御心が行われますように」は、またこの世界で神の御目的が果たされ、神の御支配下に世界が置かれるようにという祈りです。しかし、あなたは果たして全てを進んで神に明け渡しますか。あなたの仕事、健康、経済、将来を委ねますか。神がなしてくださると神に信頼しますか。

第三は私たちの願いです。神の栄光のための私たちの祈りが三つの部分になっていたように、私たちの願いも三つあります。日毎の糧、赦し、悪からの救いです。神は私たちが日毎の必要を神の前に持ってくるよう望んでおられます。私たちの娘たちはもう大人ですが、しばしばやって来て助けや助言を求めます。私たちは娘たちがそうすることが大好きです。娘たちを愛しているからです。天の父は、どんなにか私たちが話すのを聞きたいことでしょう。身体的に、感情的に、霊的に必要とすることすべてを話すように、神は私たちに求めておられます。私たちが望んでいる方法で祈りに答えてくださるとは限りませんが、神は聞いて答えてくださいます。求める前に既に、私たちが必要としていることを知っておられる神に信頼しましょう。

次に赦しを願います。悔い改めて私たちが十字架の許に来るとき、私たちの罪は赦されることは確かですが、なお私たちは足りずに失敗をしてしまいます。私たちは新たな赦しのために神の許に続けて帰っていく必要があります。しかし、主イエスの祈りは、神の赦しを求めてくる者は、また他の人たちを赦すとみなしています。14、15節に「もし人の過ちを赦すなら、あなたがたの天の父もあなたがたの過ちをお赦しになる。しかし、もし人を赦さないなら、あなたがたの父もあなたがたの過ちをお赦しにならない」とあります。私たちの手は開いているか、握りしめているかどちらかです。神の赦しを受け取るために開くなら、他人を赦さずに固く握りしめることは同時にはできません。

少し前、私をひどく傷つけた人々を赦そうと苦闘し、ある日、祈りの中で私は自分が負っている痛みをすべて神の前に持ち出しました。神は私の心にご自身の光を照らしました。「彼らがあなたを傷つけたことは知っているよ。しかし、あなたはどうか。あなたもまた同様なことをしなかったか」と神が語りかけてきました。間もなく、彼らの罪よりも自らの罪を嘆いて私は涙を流しました。私たちは皆、等しく神の憐れみと赦しを必要とします。

赦しは一度限りの行いというよりは、過程のように思えます。時々私たちは、同じ課題に戻ってきて、赦しのさらに深い段階へ行く必要があるでしょう。特に人々が私たちをひどく傷つけるとき、赦すことは犠牲が大きいと感じます。しかし、主イエスがどれほどの犠牲を払ってくださったか、私たちは理解しているでしょうか。赦さないということは、私たちを傷つけた人々を罰する手段として見られます。しかし、もし私たちが赦さないなら、私たちの人格は損なわれ、苦々しさが私たちを掴み、それは私たちが生涯を通して背負っていく大きな重荷になるのです。赦すことを選ぶなら、重荷は去り、大きな喜びと解放がきます。私たちを傷つけてきた人々を赦すために神の助けを祈りましょう。

最後の願いは悪からの救いです。コリントの信徒への手紙一10章13節には、「あなたがたを襲った試練で、人間として耐えられないようなものはなかったはずです。神は真実な方です。あなたがたを耐えられないような試練に遭わせることはなさらず、試練と共に、それに耐えられるよう、逃れる道をも備えていてくださいます」と記されています。私たちは誘惑されても、強く立つために神の助けが必要です。「あなたがたの敵である悪魔が、ほえたける獅子のように、だれかを食い尽くそうと探し回っています」（ペトロの手紙一5章8節）と告げられている敵は、私たちを引きずり落とし、分裂をもたらし、私たちの心に疑いを置き、私たちを神から離れさせることを好みます。しかし、敵がどんなに力があるように見えても、主イエスはさらに強く、その力を私たちは使えるのです。ですから、「悪い者から救ってください」と祈ることができます。神と共に歩み続けるために、神の守りと悪に対抗するために必要な強さを求めることができます。

主イエスは、私たちが何を祈るべきかについてよりも、むしろどのように祈るべきかを私たちに示しておられます。祈りは善い印象を他者に与えることではなく、また神を操ろうとすることでもなく、神の栄光を追い求めることです。天のお父様との関係において成長することです。へりくだって神の御心を求め、私たち自身の栄光ではなく神の栄光を追い求め、他の人々からの称賛よりもむしろ神ご自身からの報いを真に求めることが祈りです。神は私たちの心を知っておられ、偽善者ではなく、純粋な弟子たちを欲しておられます。あなたは主イエスの教えをどのように適用する必要がありますか。神の許に来て学び、神との関係において成長する必要がありますか。赦しにおいて踏み出すべき一歩が必要ですか。あなた自身よりも神を優先させるために、あなたの祈りの方法を変える必要がありますか。神の国がこの日本において拡大し、あなたの愛する人々の人生の中で神の御名が崇められるために、もっと祈るよう神はあなたを召しておられます。家族、友人たち、職場のためにあなたがもっと祈るなら、神の御名が崇められるでしょう。主の祈りを手引きとするなら、私たちは喜びと祝福を味わうでしょう。私たちの父である神に近づき、神が働かれるのを見、神のご臨在の中に永遠の命の報いを得るでしょう。ご自身の許に来るよう御手を大きく広げて神は私たちを招いておられます。この招きをあなたは受け入れますか。

（文責：新川代利子）

〈教職セミナー〉

失望しない

ジョン・リスブリッジャー

コリントの信徒への手紙二4章7～12節、16～18節

私は小さな町の小さなバプテスト教会で育ちました。その教会は私の家の隣にあって、30人くらいの人が集っていました。私は10代の頃から宣教への思いがありましたが、どうしていいのかよく分かりませんでした。けれども私は、金曜日に「聖書研究会」を開くようになりました。特別な訓練をしていたわけではありませんが、感謝なことにそこから救われる人が起こされてきました。そういうことをしていくうちに、私のうちに、聖書に対する飢え渇きも起こされてきました。

その後、私は大学に入り、そこでクリスチャンのグループに関わりました。私は、神の召しを聞いていましたが、この世の中で働く大切さも考え、ビジネスを学びました。そして私は一般の仕事に就きました。最初は地方の支部で働いていましたが、やがて全体を統括する責任を担うことになりました。しかし、それは大変な働きであり、痛みをもって終わらなければなりませんでした。

その後私は36歳の時に、教会の牧師になりました。その教会は名の知れた大きな教会でした。私は、神学的な、あるいは牧師になるための学びをしたわけではありませんでしたから、それは私にとっても、教会にとっても、大きなリスクを伴っていたと思います。しかしそこには、私を受け入れ、支えてくれる姉妹たちがいました。ですから私はそこで失敗しても、多くのことを学ぶことができました。その教会は町の中心にあり、日曜日には3回の礼拝があり、また最近では別の場所でも礼拝をするようになりました。その教会は年齢的にも経済的にも地域的にも多様性のある教会です。私たちは家族伝道、学生伝道にも重荷を感じています。また妻は留学生たちにも関わっています。貧しい人々、あるいは社会からはみ出た人々にも関わっています。教会は牧会チームが協力して牧会に当たっています。多くのプログラムが、ボランティアでなされています。

もちろん私の働きの中心は、福音宣教であり、礼拝説教であり、教理説教です。しかし、同時に教会では、それ以外の様々なことが起こってきます。また私は教会の牧師であると共に、ケズィックの働きにも関わり、また英国福音同盟の責任や、いろいろな背景を持つ超教派の責任を持つようになりました。そんな時、私たちは自分の働きを自慢したい誘惑にかられます。しかし実は、私はさまざまな問題を抱えています。

さて、パウロは16節で「私たちは落胆しません」と言っていますが、パウロはまさに落胆するような状況の中に置かれていたのです。このコリントの信徒への手紙二1章を見ると、彼がどんなに厳しい中にいたのかが分かります。彼は自分の苦しみは、「死ぬほどの苦しみ」であると言います。牧師として、パウロがこのように書いてくれていることはとても感謝なことです。牧師同士で、「今落胆しているのだ」と告白することは容易なことではありません。厳しい状況にあっても、それを隠したいという誘惑があるのです。しかし、宣教は本当に困難です。

私の伝道牧会の中でも、いくつか困難なことがありました。私の「学生伝道」の終わりの時、本当に痛ましいことですが、スタッフ同士の軋轢がありました。また福音同盟の中でも、問題がありました。そういう中で私は疲労困憊しました。それと同時に、私は怒りを覚えました。私の心の状態は、まさに限界に達していました。そしてそれらの働きは終わりました。私はまさに敗北感を味わいました。しかし、そんな中でも教会の働きは続きました。外部の働きは厳しかったのですが、教会の働きは順調でした。

しかしその教会の働きにも、3年前に大きな危機がありました。そのために6か月働きを休まなければならなくなりました。子どもが二人家を離れました。妻の父が7年間の闘病の末に召されました。教会の内外は解決できない問題が山積みでした。それらの問題の中にいた人たちは、私が愛し、また私を愛してくれている人たちでした。私は何とか解決しようと、必死になりました。しかしそれを解決することはできませんでした。そこで私は、感情的に切れてしまいました。私はしばらく入院しなければなりませんでした。3年前のことです。神の恵みによって、それは短くてすみましたが、「落胆」させられるような葛藤は今もあるのです。

しかし、私たちがそのような中にあっても、神の恵みはそこにあります。宣教において「落胆する」ことは、極めて普通のことです。しかし多くの人たちは、「もっと強くなければいけない」と思っています。また会衆も牧師に対してそのように期待します。パウロにとって「弱さ」というのは、普通のことでした。彼は自分の内に回復力があると言っているのではありません。彼の確信は、彼自身のものではなく、福音による栄光と真理によるものでした。彼は1節で「私たちは、憐れみを受け……この務めを委ねられているのですから、落胆しません」と言っています。私たちは弱いのですが、福音の中には力があります。それは7節にも明らかにされています。「ところで、わたしたちは、このような宝を土の器に納めています。この並外れて偉大な力が神のものであって、わたしたちから出たものでないことが明らかになるために」と。ここに対称的なことが書かれています。パウロは、私たちは「土の器」であると言っています。脆くて、見栄えもよくない、ごくありふれたものです。しかし私たちはこの中に「神の福音」という「宝」を持っています。また「聖霊の経験」を持っています。6節には「イエス・キリストの御顔の輝く神の栄光」とあります。それは私たちにとっても真実です。私が苦しめば苦しむほど、神の宝は豊かになるというのです。

皆さんも説教する時には苦労されると思います。しかし皆さんが苦労して心配した説教ほど、神が働いてくださいます。ある時には「今日の説教は最高だ」と思うかもしれませんが、自分では満足していたとしても、会衆には必ずしも届いていないかもしれません。私たちの弱さを通して、神の力強さが現されるからです。では、私たちは教会の中で、自らの弱さをどのように扱ったらいいでしょうか。

自分の弱さを認める

私は危機に陥った時に、教会の方々に隠さずありのまま話をしました。そのように決断することは、私にとって決して快いことではありませんでした。しかしそれによって「私たちの牧師も自分たちと同じ人間で、同じような問題を抱えているのだ」と分かってもらうことができました。そして自らの弱さの中にあってこそ、聞いている会衆の問題や悩みも理解できるようになるのです。

この「弱さ」や「葛藤」について、もう少し考えてみましょう。私たちは「弱さ」や「葛藤」から解放されることを期待しますが、しかし実際はそうなりません。「問題がない」ということは、「普通」のことではないのです。私たちは「土の器」だからです。ですから、私たちの宣教においては、「弱さ」ということは通常、「当たり前」のことであり、重要なことです。なぜなら、私たちの「弱さ」によって、神の力が現れるからです。それによって私たちの自我は砕かれ、神の栄光がそこに現れるのです。ですから私たちは会衆に、自らの弱さをも伝える必要があります。それは当たり前のことです。そうでないと、会衆は「牧師は特別だ」と思い込んでしまうのです。でも「弱さ」は通常のことです。私たちが自分の現実を正しく把握するならば、落胆することはありません。もちろん、パウロは「弱さ」だけを語っているのではありません。パウロは「力」についても語っています。

本当の力の出所を知る

宝は「土の器」の中にあります。「希望の源である神が、信仰によって得られるあらゆる喜びと平和とであなたがたを満たし、聖霊の力によって希望に満ちあふれさせてくださるように」（ローマの信徒への手紙15章13節）。

私たちの神は、「希望の源」である神です。ゆっくり息を吸い込んで、ゆっくり息を吐いてみてください。吐くためには、まず「吸う」ことです。私たちは福音を語り続けることはできません。福音宣教は、まず「吸って」、そして「吐く」のです。

私たちが誰かを祝福するためには、まず私たちが神によって満たされる必要があります。まず私たちが「あらゆる喜びと平和」で満たされ、次にそれをみんなに分け与えるのです。私たちが他の人々を祝福したいと願うならば、まず私たちが神から祝福を受けるべきです。私たちが満たされないならば、私たちは他を満たすことはできません。私たちがこの法則を無視するならば、私たちは実りある働きをすることはできません。神を喜ばせることはできません。

先生方自身が主を礼拝する時間を持っておられるでしょうか。神の麗しさに、しっかり心を向けておられるでしょうか。神の恵みを受け取る時間を持ち、神の恵みを経験しておられるでしょうか。十字架にしっかり留まっているでしょうか。聖霊に心の奥深くを明け渡しておられるでしょうか。皆さんは、お祈りしておられるでしょうか。神と個人的な関係をきちんと持っていますか。自分と向き合うことなく、教会員の必要ばかりに心を奪われてはいないでしょうか。説教についても同じです。私たちが語るためには、私たちは聞かなければなりません。ですから、まず霊的な食物として、み言葉を読んでみましょう。私たちは満たされなければ、溢れることはありません。それでなければ、神を喜ばせることはできません。

深呼吸してみましょう。思い切って吸ったならば、吐かなければならないように、神の恵みをいただいたならば、与えなければなりません。私たちの持っている希望を分かち合うのです。私はいつも「福音宣教」が重要であると言い続けてきました。しかし、いろいろなことで本当に忙しくなってきて、未信者の方々と話す機会がなくなってきました。そこで私は、未信者に話すのは他の人のすることであると、自分を納得させようとしました。しかし、私はしばらくして考えを改め、教会の外に出るようにしたのです。すると、ノンクリスチャンの友だちができるようになりました。それによって私の宣教方針が変わってきました。私は長い間、吸い上げることばかりしていたと思います。その結果いつのまにか、福音を伝えるということから遠ざかっていました。皆さん、パウロがテモテに言ったことを覚えていますか。「御言葉を宣べ伝えなさい。折が良くても悪くても」(テモテへの手紙二4章2節)。吸ったら吐き出すのです。

自分の仕事は何なのかを覚えておく

会衆はいろいろな期待を私たちに持っているかもしれません。しかし私たちは、そのすべてに応えることはできません。ですから会衆が何を求めているかではなく、神が何を求めておられるかを心にとめることが大切です。会衆の求めに応えることは、上手くいっている時には問題はありません。しかしそれでは、人々を聖霊に委ねることにはなりません。その場合は、教会の働きは限られてきます。それは私の容量、私の賜物、私のビジョンによって制限されてしまいます。しかし、それは教会にとっては良くないことであり、また私にとっても良くないことです。そんなことをしたら、私は力尽きてしまいます。さらに、それは聖書的ではありません。

エフェソの信徒への手紙4章11、12節を見ると「聖なる者たちは……キリストの体を造り上げて」いくと言います。それが牧師や教師の務めです。しかし、少し考えてみていただきたいのですが、そこには教会を建て上げる方法が記されています。それは「信徒を建て上げる」ことによって、キリストの教会は建て上げられ、福音は前進していくとあります。ですから、私は、教会員を建て上げることに心血を注ぎます。パウロは、それが私（あなた）の仕事だと言っています。そうすることによって、自分も仕事過多にならなくて済み、多くの実を結ぶのです。

学ぶこと・変わることをあきらめないで継続する

牧師が成長するなら、教会も成長します。私が最も大きく学んだのは、最も聞きたくないことからでした。私たちの教会には、すばらしい女性スタッフがいます。彼女は、疎外されている人たちに近づき、すばらしい働きをしています。彼女がある時、私に近づいてこう言いました。「あなたの説教は、クリスチャンにはとてもすばらしいと思うけれども、私が新しい人を連れて来た時には、彼らはあなたの話を理解できない」。

それは、私の聞きたくない言葉でした。私はなんとか言い訳をしようとしました。しかし、ついに私は彼女の進言を受け入れることにしました。彼女の話に耳を傾けるということは、私の宣教についての考え方を変更することにつながりました。私は今も、そのことを学んでいます。「学ぶ」ということは、むずかしいことでした。しかしそれによって、より多くの人々とキリストについて学ぶことができました。今では、そういう人たちが教会に来て、留まるようになったのです。

（文責：錦織博義）

〈信徒セミナー〉

聖霊とはどんな方？

ヨハネの福音書14章15～21節

鎌野 善三

私は身長が157センチメートルしかありません。身体は小型なのですが、血液型はO型です。それで私のことを「オー157」と言う人がいます。でも悪い菌は持っていないので、安心してください。

今年のケズィックのテーマは「大胆な宣教と聖霊の満たし」ということですので、この聖霊についてより深く学びたいと思い、先程の聖書個所を読んでいただきました。「セミナー」ですから、この個所だけでなく他の聖書個所も幾つか引用します。でも皆さんよくご存じの個所ばかりだと思います。

今回、『神と皆なる行歩』というバックストンが著した小雑誌を持ってきました。これは、牧師だった私の父から贈られたものです。この雑誌の原題は、「神との交わりにおいて私たちの模範であるキリスト」と直訳できます。キリストであっても父なる神と交わりを必要とされていた。その模範に倣うように、というのが主旨なのです。この冒頭にはこう書かれています。「どなたにも『慰め主が参りました』時に、直ちに起こる問題は『この受けた恵みをどうして保つことが出来るか』ということであります。それに対する最善の答えは『あなたは「恵み」を保つ必要はない、「恵み」があなたを保って下さる』ということであります」。つまり、慰め主である聖霊が私たちにおいでくださるなら、この聖霊が、私たちの人生のすべての面で私たちを励まし、助け、導いてくださるのです。

聖霊はクリスチャンの中でも特別な人にしかおいでくださらない、と思ってはなりません。「聖霊によるのでなければ、だれも『イエスは主です』と言うことはできません」（コリント人への手紙第一12章3節）と記されています。もし私たちがイエスを救い主と信じているなら、それは聖霊が働いておられるからにほかなりません。でも問題は、その聖霊の働きを受け入れていない場合があるということです。

では聖霊とはどういう方なのでしょうか。第一に、「もう一人の助け主（弁護者）」（16節）です。特別な物とか力ではなく、人格を持ったお方です。だから次の節には「この方」と訳されています。このお方が、いつも私たちと共におられるのです。15節には、「わたしを愛しているなら、あなたがたはわたしの戒めを守るはずです」と書かれていますが、自分の力で戒めを守るのではありません。このお方が、私の内から働いて、戒めを守れるようにしてくださるのです。助け主がおいでになったのは、戒めを守れるようにしてくださるためにほかなりません。

この個所は最後の晩餐の時に語られました。直前の13章には、洗足の出来事が記されています。ヨハネは、他の福音書が記している多くの出来事を省略しているのですが、洗足の記事は詳しく述べています。それは、弟子の中で最も若かったヨハネこそが、本来、足を洗うべきだったからです。主が自分の足を洗ってくださっている時、ヨハネはきっと号泣していたことでしょう。こんな者の汚れた足を、神の子イエスが洗ってくださる。まさに主は、ヨハネの助け主でした。

この洗足の時、主はペテロをも助けられました。彼が「足だけでなく、手も頭も洗ってください」と言ったとき、「足以外は洗う必要がありません。全身がきよいのです」と宣言なさいました。主が弟子たちと過ごされた三年間、主のみ言葉によって彼らは育てられました。整えられました。しかし、日々の生活の中で足は汚れます。だからこそ、汚れた足をそのまま主の前に出す必要があるのです。

私たちは、主を罪からの救い主と信じました。その時、私たちは「信仰によって」神の子とされました。「私たちは今すでに神の子どもです」(ヨハネの手紙第一3章2節)。しかし、その後のクリスチャン生活の中で様々な誘惑があり、残念ながら罪を犯すこともあったでしょう。だからこそ、聖餐が定められたのです。自分の罪を悔い改める機会として、聖餐の恵みが与えられました。罪がないから聖餐を受けるのではありません。罪があるからこそ、主のからだは砕かれ、血が流されたことを覚えるのです。

主イエスは、十字架で贖いを完成してくださった後、天にあげられ、父なる神の御座の右に着座されました。なぜでしょうか。「もし、だれかが罪を犯したなら、私たちには、御父の前でとりなしてくださる方、義なるイエス・キリストがおられます」（ヨハネの手紙第一2章1節）。主は今、この時でも、私たちのためにとりなしておられる「助け主」「弁護者」です。

しかし、主イエスがこの個所で約束された「もう一人の助け主」とは、天ではなく、この地上で私たちを助けてくださっているお方、聖霊です。主イエスは、肉眼で見える姿では三十数年の地上のご生涯でした。それ以降現在に至るまで、二千年間、この地上において世界中のクリスチャンを助け続けておられるのです。

パウロは、十二弟子たちのように、目に見える姿の主イエスと行動を共にしたわけでもなく、復活の主のお姿を見たわけでもありません。しかし、彼があのような熱心な宣教をすることができたのは、肉眼では見えない主とダマスコ途上でお会いしたからです。主イエスの霊、キリストの霊、聖霊が、彼と共にずっと歩んでおられたからです。彼はその後、命をかけて福音宣教に励みました。しかし「働いたのは私ではなく、私とともにあった神の恵みなのです」（コリント人への手紙第一15章10節）と言い放ちます。まさに、恵みが彼を保っていたのです。

しかも、このお方は「いつまでも」共におられる方です。弟子たちにとって、目に見える姿では三年間しか一緒におられなかったお方が、彼らが殉教する最後の日まで、共に歩み、共に働き、共に福音宣教にあたられたのです。宣教は大切です。しかしその前に、このお方が共におられるという恵みを経験しないでは、宣教の情熱は生まれてきません。宣教の動力とはならないのです。だからこそ、聖霊と交わることが必要なのです。

第二に、聖霊は「真理の御霊」（17節）です。聖書には、処女降誕とか復活とか、様々な奇跡とか、世の中の多くの人が受け入れることがむずかしい様々な「真理」が記されています。しかし、聖霊が共にいる人は、その真理をそのまま受け入れることができます。もし、今、皆さん方がこの真理を信じておられるなら、それは真理の御霊のゆえです。でも、この世はこの方を求めようとしないから、見ることも知ることもできません。「求めなさい。そうすれば与えられます」とは有名な聖書の言葉ですが、主はその直後に、「天の父はご自分に求める者たちに聖霊を与えてくださいます」（ルカの福音書11章13節）と約束してくださっています。聖書を読む時でも、自分の知性だけで理解しようとするのではなく、聖霊を求め、「どうか理解させてください」と祈りつつ読むなら、深い真理に目が開かれます。

私は小学校1年生の時から、毎日一章、聖書を読む習慣を続けています。私の母が聖書を声に出して読まなければ学校に行かせてくれなかったからです。はじめは字面を読むだけでしたが、神学校の時に聖霊のお働きがわかってからは、聖書の真理をより深く理解できるようになりました。「聖言《みことば》うちひらくれば光をはなちて　愚かなるものをさとからしむ」（詩篇119篇130節 文語訳）を、その通りに経験したのです。ただただ、聖霊のお働きです。その恵みを聖書全巻にわたってまとめたものが『三分間のグッドニュース』という本です。このような本を手引きとして、祈りながら、聖書を読んでください。真理の御霊は、神の御言葉を理解できるよう、必ずあなたの目を開いてくださいます。

祈りの時に目を閉じる理由をご存じでしょうか。それは、肉眼で見えるこの世には目を閉ざし、肉眼では見えないお方、聖霊に抛り頼んで、共におられ、うちにおられる主イエスを見るためにほかなりません。主はこの個所の直前に、「わたしが道であり、真理であり、いのちなのです」（6節）と言われました。聖霊は、主イエスこそがすべての真理を体現しておられることを示してくださいます。このことが、第三のポイントに結びつきます。

第三に、聖霊は「主イエスの霊」です。「わたしは、あなたがたのところに戻って来ます」（18節）とは、再臨のことかもしれません。しかし文脈からすれば、聖霊降臨のことと理解する方が良いように思います。さらに20節「その日には、わたしが父のうちに、あなたがたがわたしのうちに、そしてわたしがあなたがたのうちにいることが、あなたがたに分かります」。父なる神、子なるイエス、そして聖霊という三位一体の神と、こんな罪深い私とが一つとされるという、すばらしい約束です。私はとてもそんなことをしていただく資格などない。そうです、その通りです。資格がないからこそ、それは恵みなのです。神がそう言ってくださっているのに、私たちがこの恵みを受け入れないでいるとするなら、なんともったいないことでしょう。罪人を救うために主は十字架におかかりくださったという恵みを、私たちは信仰によって受け入れました。であるなら、三位一体の神が私のうちにいてくださるという恵みを、今、信仰によって受け入れようではありませんか。

現在刊行中の『バックストン著作集』の中には、多くの説教が収録されています。その説教の中には、何度も何度も「聖霊のバプテスマ」という言葉が出てきます。この用語は、カリスマ派の人々によって用いられることが多いからでしょうか、福音派の人々はあまり用いません。しかし、バックストンが何度もこの語を用いられたのは、聖霊によってバプティゾーされる、聖霊の中に浸され続けるということが、「聖霊の実」を結ぶ唯一の秘訣だからです。

次の章には、主がぶどうの木であり、私たちがその枝であることが記されています。聖霊のお働きによって、ただ主イエスにつながっているなら、とどまっているなら、無理なく実を結ぶことができるのです。枝そのものが実を結ぶことはできません。主イエスが、聖霊が、三位一体の神が、そうさせてくださいます。何という大きな恵みでしょうか。

パウロは、「この奥義とは、あなたがたの中におられるキリスト、栄光の望みのことです」（コロサイ人への手紙1章27節）と書いています。旧約の時代には、神と人とは全く違う存在でした。神を見ることなどできるはずがなかった。しかし、新約になって状況はまったく変わりました。神ご自身である主イエスが、「顔のある神」として、この地上においでくださいました。さらに、こんな罪人の中にいてくださる。これを奥義と言わないで、何と言えるでしょうか。弟子たちが見た主イエスは、昇天後、見えなくなりましたが、聖霊として戻って来られた。彼らにだけではなく、パウロにも、そして現在の私たちの中におられ、私たちの内に住まれている。それが「キリストの内住」ということです。

こんな罪深い者の中にキリストが住んでいてくださる。これほど大きな光栄はありません。私は牧師になり、七十歳になった今も、神の言葉を人々に語らせていただける光栄の中にあることを、いくら感謝してもし過ぎることはありません。若い人々がこの栄光に気がついて、このキリストを宣べ伝える伝道者になってほしいと切に願っています。キリストが、聖霊が、内にいてくださるなら、大胆にみ言葉を宣べ伝えることができるのです。これこそ、「大胆な宣教と聖霊の満たし」です。

最後に、聖霊のお働きには、瞬間的な面と継続的な面があることに注意していただきたいと思います。私たちは、自分の罪を知り、主イエスこそ罪からの救い主として信じた時があります。聖霊がそのことに気づかせてくださったゆえに、私たちもこの恵みを信仰によって受け入れました。それは聖霊の働きの瞬間的な面です。その後も、たとい私たちが気づかなくても、聖霊は働き続けられました。そして、聖書を通して、あるいは礼拝説教やその他の集会を通して、聖霊が私たちのうちに生きておられることを知り、この恵みを信仰によって受け入れました。これも聖霊の瞬間的な働きです。しかし、この瞬間的な出来事の前後に、聖霊は継続的に働いてくださっています。そして、時間をかけて

「聖霊の実」を結ばせてくださるのです。

毎日毎日み言葉を読む中で、隠れている罪を示されて悔い改め、また赦しの恵みを感謝する時に、聖霊は働いてくださっています。そのような瞬間的な主とのやりとりの積み重ねが、継続的な御霊の交わりということです。瞬間的な点のつながりが、継続的な線を造り上げていると言えます。毎日、寝る時に聖霊に導かれて祈り、感謝と悔い改めをもって主と交わりをもちましょう。古い自分はその時に死にます。次の日、目が覚めた時に、「主よ、今日もあなたと一緒に歩んでいきます」と祈り、復活した新しい自分として生きていきましょう。聖霊によって導かれるそのような主との交わりが、「キリストのもの」であるあなたを造り上げていくのです。

〈ユース・コンベンション〉

神が喜ばれるキリスト中心の信仰

ガラテヤ人への手紙2章19〜20節

横田 法路

人生には予期せぬことが起きてきます。その時私たちは、問題の原因を外に探したくなります。しかし主は、私たちの信仰を見ておられるのです。この午後、神の喜ばれる信仰を学びながら、自分自身の信仰を振り返る時になればと願っています。

教会の迫害者であったパウロの生き方が大きく変わりました。自分が世界の中心である人生から、イエス・キリストが中心の人生に変わったからです。

「しかし私は、神に生きるために、律法によって律法に死にました。私はキリストとともに十字架につけられました。もはや私が生きているのではなく、キリストが私のうちに生きておられるのです。今私が肉において生きているいのちは、私を愛し、私のためにご自分を与えてくださった、神の御子に対する信仰によるのです」（ガラテヤ人への手紙2章19～20節）。

「キリストがわたしの内に生きておられる」というキリスト中心の信仰とは、具体的には三つのことを意味します。

1　キリストに自分が愛されていることを信じて生きる人生

パウロはこの個所で、「私たちを愛し」ではなく、「私を愛し」と言っています。パウロは、罪深い迫害者であった自分をキリストが個人的に愛してくださっていることを知ったのです。私たちの人生は、自分がイエスに個人的に愛されていることを知る（体験する）ことで変わります。

中学生の時代、私は荒れていました。問題を起こし、母親は学校から呼び出されて先生にお詫びしていました。「申し訳ないな」と思い、この事態を父親にどう説明しようかと思いながら家に帰りました。父は牧師でしたが、とても強い人でした。私の作戦は、まず反省文を書き、それを父に見せて怒りをおさめようと思ったのです。「すみませんでした。……これからは光の子らしく歩みます」と、み言葉まで引用して反省文を書いて父親に見せました。ところがその作戦は見事に失敗し、父から思いっきりしかられました。逃げても追いかけてきて叩かれるので、だんだんこっちも腹が立ってきました。そのうち、父を思いっきり突飛ばして外に逃げ出そうとして顔を上げた瞬間、父の顔が目に入ってきました。あの強い父の目に涙があったのです。父は私が憎くて叩いているのではない、自分の罪に向き合わないで逃げ出そうとばかりしている私を罪に向き合わせるために、自分の愛する息子を本気で叱っていた父の悲しみがわかった時、私は力が抜けてその場に座り込んでしまいました。父の愛を通して、私は初めて自分の罪をはっきり自覚することができたのでした。

自分の罪がわかってからは、罪の呵責に苦しみ、自分の存在を消したい、どこか誰も知らないところに行って、人生をやり直したいと思うようになりました。そうした時の高校二年生の夏、私が属している教団の青年全国大会に出席しました。その中でイエスの十字架の話を聞きました。義人のためではなく、罪人のために身代わりとなって死んでくださったイエスの愛が、私に迫ってきました。私は再び悔い改め、罪の赦しを確信しました。そして、イエスのこのすばらしい愛に応えて生きていきたいという願いが内側から起こされました。たとえ全世界の人が私を見捨てても、愛想をつかしても、イエスは私を捨てない。このイエスの愛だけで充分だとわかりました。私たちの魂を満たし続けることができるのはキリストの愛だけです。

パウロを動かしていたのはこのキリストの愛でした。今日、ここにおられるみなさんの人生を変えてくださったのもこの十字架の愛です。他のものを求める必要はありません。キリストの愛があなたの人生を満たし、あなたの人生を動かしてくださるのです。

2　キリストの真実を信頼して生きる人生

「神の御子に対する信仰」とありますが、この「信仰」は「ピスティス」というギリシア語が使われています。この言葉は「信仰」とも「真実」とも訳すことができます。私たちの信仰は、時に頼りないものですが、その信仰を支えてくださるのがキリストの真実です。「私たちが真実でなくても、キリストは常に真実である」（テモテへの手紙第二2章13節）。

マタイの福音書14章22～33節で、弟子たちが湖を渡っている時に嵐がやってきます。イエスが湖の上を歩いて近づいてこられた時、弟子たちはパニックになりました。「しっかりしなさい。わたしだ。恐れることはない」と言われ、ペテロは主に、「私に命じて、水の上を歩いてあなたのところに行かせてください」と願いました。「来なさい」と言われ、ペテロは舟から出て歩き始めました。ところが強風を見て怖くなり、沈みかけた時に「主よ、助けてください」と叫ぶと、イエスは手を伸ばし、ペテロをつかんで引き上げてくださいました。

これが私たちの信仰です。イエスを信じていきたいのに、嵐や問題が起きると疑ってしまうのです。でも、イエスは真実なお方で、見捨てずに私たちをつかんで、そこから引き上げ、一緒に歩いてくださいます。私たちの信仰はこのキリストのご真実に信頼することです。

高校二年生の時、あの青年全国大会で、私は献身の思いが与えられましたが、それからの10年間は自分の弱さにいやというほど向き合わされました。ローマ人への手紙7章14〜25節にあるように、自分がやりたいと思うことがやれない、やりたくないことをやってしまう、その繰り返しでした。自分は献身しても続かなかったり、問題を起こしたりしてイエスの顔に泥を塗るのではないか、それが恐くて前に進めませんでした。

私が25歳の時、出席していた九州聖会の集会の最後で献身の招きがありました。その時は、私の心には何の感動もありませんでしたので、立ち上がって前に出る気はありませんでした。その時、説教者が「今すぐにでなくても、将来お声がかかったら自分も使ってほしいという人はいませんか」と問いかけられました。私は以前から献身の願いはあったのですが、なかなか決断することができずにいました。そのうち段々、聖会などに行くのも消極的になっていました。私はいつの間にか周りの目を気にするようになっていたからです。「法路君は招きに立ち上がっても、なかなか神学校に行かないね」と言われている気がして、決めきれないでいる自分を恥ずかしく思っていたのです。私が心の中で迷っていたその時、イエスは私に優しくこう語られたように思いました。「あなたは自分が恥ずかしいと思っているけれども、私は十字架にかかってまでもあなたを愛しているのだよ。あなたはこの私の招きを拒むことができるのですか」。その時私は、「私のために十字架にかかってまでも、私を愛してくださったこの方の招きを、私はやっぱり拒むことはできない」と思いました。そして、「イエス様、弱い私は、一生あなたに従っていきますなんて言えません。でも、この瞬間だけでもあなたに従わせてください」。そう願って、前に進み出ました。

集会が終わり、その時の説教者であり、私が個人的にも尊敬していた村上宣道先生のところに相談に行きました。詳しく話したわけではありませんでしたが、先生は私の気持ちをわかってくださり、「もう、あなたは飛び込んでしまいなさい」と言われました。その時私は「自分の力で変えることのできない私を、神様、あなたにおささげします」と、自分の将来も含めてすべてをささげ、神学校に行く決心をしたのです。その時から状況が劇的に変わったわけではありません。でも、変わったことが一つありました。主イエスとの関係が変わったのです。イエスの愛を今まで以上に身近に感じるようになりました。それまでの私は「隠れキリシタン」のようでしたが、それからは地下鉄に乗っても聖書を開いて、「誰か自分がクリスチャンと気づいてくれないかな」と思うにまで変えられました。イエスの愛がわかってきた時、私の心の内側から喜びが湧いてきたのです。

献身しても3年続くだろうかと思っていた私が、それから28年も続いています。奇跡です。私の信仰ではなく、神のご真実、神の憐れみです。神は私を育て、励まし、今も日々導いてくださっているのです。

みなさんの中にも自分はダメだ、自分は続かないと思っている方がおられるかもしれません。でも、信仰とはあなたの信仰ではなく、神のご真実に信頼することです。神があなたをとらえ、離さず、つまずくことがあっても、また立ち上がらせてくださるお方のご真実を信頼して歩むのです。

3　キリストのみこころを求めて生きる人生

「ですから、兄弟たち、私は神のあわれみによって、あなたがたに勧めます。あなたがたのからだを、神に喜ばれる、聖なる生きたささげ物として献げなさい。それこそ、あなたがたにふさわしい礼拝です。この世と調子を合わせてはいけません。むしろ、心を新たにすることで、自分を変えていただきなさい。そうすれば、神のみこころは何か、すなわち、何が良いことで、神に喜ばれ、完全であるのかを見分けるようになります」（ローマ人への手紙12章1～2節）。

まず神に自分が愛されていることを喜び、続いて、神を愛して自分自身をささげます。それからさらに、神の御心が何であるのか、神が喜んでくださることが何であるのかを求めて、神の御心に従っていくのです。聖霊が私たちに示してくださることに従っていく時、私たちの内にキリストのかたちがつくられていくのです。

以前、九州ケズィック・コンベンションでレイモンド・ブラウン先生から聞いた話です。あるクリスチャンのセールスマンが田舎のほうで、一週間の研修会に出席しました。研修が終わり、急いで列車に乗って帰ろうとして駅のプラットホームに行くと、一人の少年がリンゴを売っていました。その横を通り過ぎようとしたところ、足が板にぶつかり、リンゴが散らばってしまいました。もう電車は出ようとしています。これを逃すと何時間も待たなくてはなりません。友人たちは先に電車に乗って「早く乗れよ」と彼に声をかけます。彼は乗ろうとしましたが、乗ることができませんでした。「イエス様だったらどうするだろうか」。その思いが彼の心をつかんだからです。それから、友だちに「先に行ってて」と言って彼は引き返しました。戻っていくとまだリンゴは散らばったままです。なぜ拾わないのだろうと思いながら拾い集めました。すると他の人も手伝ってくれて、すべてのリンゴを台に返して少年の顔を見た瞬間、その理由がわかりました。少年は目が見えなかったのです。彼は悪かったと思い、ポケットからお金を出して少年に渡しました。「ごめんね。君の一日を台無しにしてしまって。これで赦して」そう言って立ち去り、人混みの中に消えようとした時、突然少年の声がプラットフォームに響きわたりました。「おじさ〜ん、あんたイエスかい」。その時彼はなぜ電車に乗れなかったのかわかりました。もしあのまま飛び乗っていたら、このクリスチャン・セールスマンの人生において最もすばらしい、「おじさん、あんたイエスかい」という言葉を聞くことはできなかったでしょう。

私たちもいろいろな場面で迷うことがあるでしょう。楽な道、みんなが行っている道を選びたくなるその時に、「神さまが喜ばれることは何だろう」、「イエスさまだったらどうされるだろう」と、御心を求めていただきたいのです。御心が示されるなら、どんな小さな一歩でもキリストの御思いに従いましょう。その時、聖霊が助けてくださり、その歩みの中で私たちのうちにキリストの姿が形づくられていくのです。

メッセージは終えたいと思います。新しい人生を味わうために、「私はキリストとともに十字架につけられました」。このすばらしい霊的事実を告白しようではありませんか。自分の成功や栄光を求めて生きる人生は二千年前の十字架の上で終わりました。イエスに自分が愛されていることを喜び、イエスを愛し、自らを明け渡し、イエスの御心を求め、それを実践していきましょう。イエスの栄光のために生きる人生、イエスが喜ばれる人生を歩んでいこうではありませんか。

〈第28回沖縄ケズィック・コンベンション〉

健康な教会

スティーブ・ブレディ

使徒言行録11章19～30節

使徒言行録1章では、福音が全世界へ広がっていく様子が書かれています。イエスは「あなたがたの上に聖霊が降ると、あなたがたは力を受ける。そして、エルサレムばかりでなく、ユダヤとサマリアの全土で、また、地の果てに至るまで、わたしの証人となる」と語りました。この時、クリスチャンと呼ばれるようになった人々はユダヤ人で、福音が全ての人々にもたらされるようになることをまだ認識していませんでした。皆さんは、マタイによる福音書16章18節にあるすばらしい約束を覚えていますか。イエスは「あなたはペトロ。わたしはこの岩の上にわたしの教会を建てる。陰府の力もこれに対抗できない」と言われました。パウロはエフェソの信徒への手紙で、「しみやしわやそのたぐいのものは何一つない、聖なる、汚れのない、栄光に輝く教会」について書いています。また、ヨハネの黙示録では、教会とは「夫のために着飾った花嫁のように」主を待ち望む姿だと言うのです。日本

表面に ご住所・ご氏名等ご記入の上ご投函ください。

●今回お買い上げいただいた本の書名をご記入ください。
書名：

●この本を何でお知りになりましたか？
1. 新聞広告（　　　）2. 雑誌広告（　　　）3. 書評（　　　）
4. 書店で見て（　　　書店）5. 知人・友人等に薦められて
6. Facebook や小社ホームページ等を見て（　　　）
●ご購読ありがとうございます。
ご意見、ご感想などございましたらお書きくだされぱさいわいです。
また、読んでみたいジャンルや書いていただきたい著者の方のお名前。

・新刊やイベントをご案内するヨベル・ニュースレター（E メール配信・不定期）をご希望の方にはお送りいたします。
（配信を希望する／希望しない）

・よろしければご関心のジャンルをお知らせください
（哲学・思想／宗教／心理／社会科学／社会ノンフィクション／教育／歴史／文学／自然科学／芸術／生活／語学／その他（　　　）

・小社へのご要望等ございましたらコメントをお願いします。

自費出版の手引き「**本を出版したい方へ**」を差し上げております。
興味のある方は送付させていただきます。
資料「**本を出版したい方へ**」が（必要　　必要ない）

見積（無料）など本造りに関するご相談を承っております。お気軽にご相談いただければ幸いです。

＊上記の個人情報に関しては、小社の御案内以外には使用いたしません。

郵便はがき

113 - 0033

恐縮ですが
切手を
お貼りください

東京都文京区本郷 4-1-1-5F

株式会社ヨベル YOBEL Inc. 行

ご住所・ご氏名等ご記入の上ご投函ください。

ご氏名：　　　　　　　　　　　　　　（　　　歳）

ご職業：

所属団体名（会社、学校等）：

ご住所：（〒　　　-　　　　）

電話（または携帯電話）：　　　　（　　　　　）

e-mail：

でも、どの国においても私たちは大きな教会を望むだけではなく、より良い教会を目指す必要があります。幸せな教会を望むだけでなく、健康で聖い教会を目指そうではありませんか。

本日の聖書個所には、私たちが目指すべきすばらしい教会の姿が書かれています。アンティオキアは古代ローマ帝国で3番目に大きな都市で、約50万人が住んでいました。これは私が今住んでいるグランドケイマン島の8倍に相当する人口です。沖縄県民の約3分の1くらいでしょうか。そこには多くのユダヤ人、ギリシア人、ローマ人がいました。もしかすると、シルクロードを伝って中国からも人々が訪れていたかもしれません。

1　人々に心を留める神 ―― 柔軟な者となる ――

最初にお話ししましたが、初期のクリスチャンが福音を宣べ伝える対象はほぼユダヤ人でした。ステファノの殉教をきっかけにして起こった迫害のために散らされた人々は、ユダヤ人以外の誰にも御言葉を語りませんでした。しかし、彼らの中にキプロス島やキレネからアンティオキアへ行き、ギリシア語を話す人々にも語りかけ、主イエスの福音を告げ知らせる者がいたのです。そこには文化的、宗教的な境界がありましたが、神の憐れみの中で、迫害で散らされた人々は伝道を始めました。彼らはクリスチャンであり、ユダヤ人であり、追いやられた難民でしたが、福音を選び取りました。現在も時代の大きなうねりの中、難民として生きる人たちがいます。より良い生活を求めて、迫害からの自由を求めて、非常に多くの人々がヨーロッパに集まっていることをニュースで耳にしたことがあるでしょう。その中には迫害を受けたクリスチャン、そして牧師もいますが、すばらしいことに彼らは福音を語り続けています。今、イランは大きな問題を抱えている国の一つですが、数千人ものイスラム教徒がクリスチャンへと変えられています。神は散らされた人々を通して働かれました。神は文化を超えて働かれるお方です。私はグランドケイマン島に遣わされて14か月になります。英語が通じるという点では良いのですが、ケイマニアンの文化や習慣についてはまだ学ぶことが多くあります。カリビアンの多くは「今日やるべきことでも明日やればいいじゃないか」という風にゆっくりとしたペースで過ごす方が多いのですが、私は「今日やるべきなら、昨日で済ませておきたかった」と思うタイプなのです。クリスチャンはどんなことにも柔軟に適応していくことが大切です。教会にとって礼拝を始めるのに一番ふさわしい時間はいつでしょうか。それは、最も多くの人が教会に集まれる時間です。神はお互いの違いを気になさる方ではありません。すべての人々に関心を持っておられるお方です。

2　教会に心を留める神 ―― 信仰深い者となる ――

あなたの目の前で道行く人が突然倒れたらどうしますか。まず意識があるのか確認し、呼吸や脈拍をチェックする必要があると思います。それでは、健康な教会のバイタルサインはどのようなものでしょうか。

① 主を愛し、中心とする

26節に「アンティオキアで、弟子たちが初めてキリスト者と呼ばれるようになった」とあります。なぜそう呼ばれるようになったのでしょうか。アンティオキアの人々はジョークが好きでクリスチャンに「小さなキリスト」という意味でニックネームをつけたのです。このアンティオキア教会では主イエスが全ての中心でした。

ある英国のラジオ番組でグロリア・ゲイナーという歌手のインタビューを聴いていた時、質問者が「グロリア、君はとても信仰深いそうだね」と言いました。すると彼女は次のように答えました。「信仰深いわけではありません。一年前わたしの人生はめちゃくちゃでした。でも主イエスがわたしの救い主となって新しく生まれ変わったのです」。英国のラジオでこのように語った人は他にいないでしょう。また質問者がつづけて「歌手のスティービー・ワンダーが君の教会で歌ったそうだね」と言うと、彼女は「そうです、皆さんの前で一緒に歌いました」と答えました。すると質問者は「わあ、世界的に有名なお二人の声が教会に響いて、さぞすばらしかったでしょうね」と興奮した様子でした。しかし、彼女は「いいえ、私たちの教会でイエス様と共演する人はいません。本当のビッグスターは私でもなく、スティービー・ワンダーでもなく、ただ主イエス・キリストだけです」と告白したのです。

これからお話することが日本にも当てはまるか分かりませんが、私は英国で多くの教会を巡る中でイエスと共演してしまう人々を見てきました。ある時は牧師であり、時には賛美リーダー、ユース指導者、教会の財務管理者など様々で、それぞれが教会のスターになってしまっているのです。私は、そのような教会のメンバーになりたいのではない、イエスが中心におられる教会にいたいと強く思いました。天国に響く歌は「屠られた小羊は、力、富、知恵、威力、誉、栄光、そして賛美を受けるにふさわしい方」です。教会はイエスが中心でなければいけません。

② 福音を分かち合う

教会は福音を分かち合う場でもあります。20節に「主イエスについて福音を告げ知らせた」、26節にバルナバとサウロは「丸一年の間そこの教会に一緒にいて多くの人を教えた」とあります。どうすればイエスを中心とした教会になるのでしょう。それは聖書の御言葉に学ぶことです。今私が立っている場所は会堂の中心ですが、それは聖書の福音を伝えるためです。幼い頃、「成長したければ、毎日聖書を読んで祈りなさい (Read Your Bible, Pray Everyday)」という歌を歌いつつ育ちました。

③従う価値のあるリーダー

皆さんの教会に信仰深い牧師やリーダーがいるなら毎日神に感謝しましょう。アンティオキアの教会にはバルナバという特別なリーダーがいました。バルナバという名はニックネームで「慰めの子」という意味でした。あなたは周囲の方々を愛し慰める者ですか。神はあなたにバルナバのようになってほしいと願っています。あなたが笑顔でいると相手も笑顔を返してくれるでしょう。もしあなたが誰かを励ますならあなたも励まされるようになります。「受けるよりは与えるほうが幸いである」という御言葉のとおり、教会は慰め励ます人たちが加わる場です。

④手本となるクリスチャン

アンティオキアの教会では福音を信じて教会に集うクリスチャンの姿がありました。木が燃えたとしてもやがて火は小さくなり灰も冷えていきます。クリスチャンは火を灯しつづけ、お互いに信仰の炎を燃えたたせていきましょう。

3　信じる者たちに心を留める神——惜しみなく与える者となる——

使徒言行録11章の背景は興味深いものです。もしあなたが当時イスラエルに住むユダヤ人だったとしたら、ローマ帝国の支配によって経済的に困難な環境に置かれたことでしょう。今日に至るまでイスラエルという国は世界中のユダヤ人から送られてくる物資に頼っています。1世紀、ローマ帝国の支配地域に住むユダヤ人たちは、エルサレムやユダヤに住む貧しいユダヤ人のクリスチャンのために、お金や資源を送り財政的な必要をサポートしました。特筆すべきことは、ローマ帝国の支配に置かれたユダヤ人が、エルサレムにいるユダヤ人を経済的に支援した、つまり「皆、キリスト・イエスにあって一つ」という御言葉です。エルサレムやユダヤに住む貧しいクリスチャンに飢饉が襲うと誰が彼らの必要を満たすでしょうか。突如として、ユダヤ人にとって異邦人であるクリスチャンが、エルサレムに住むユダヤ人のクリスチャンのために仕送りをし始めました。異邦人のクリスチャンたちは主にあって、ユダヤ人のクリスチャンを助けました。ケズィックの原点〝All One in Christ Jesus〟の精神です。神は日本人ではありません。イギリス人、中国人、ロシア人でもありません。しかし、イエス・キリストによって新しくされた者であれば誰でも福音にあずかることができます。イエスは私たちを神の人として新しく造り変えてくださいました。そして、惜しみなく与える寛大さは誰かに強要されるものではありません。29節に「弟子たちはそれぞれの力に応じて、ユダヤに住む兄弟たちに援助の品を送ることに決めた」とあります。しばしば教会やクリスチャン組織で金銭的なスキャンダルが問題になることがありますが、そこでは人々が与えることを強制されます。「お金を送りなさい、そうすれば神様はあなたを祝福します」と言って貧しい人々から搾取するのです。しかし、教会は金銭的な面においても透明性、誠実さを保つべきです。主イエスの御名を軽々しく扱ってはいけません。

最後に、神が心に留めておられることを振り返ってみましょう。一番目に神は「すべての人」に関心を持っておられること、二番目に「教会」は主イエス・キリストを中心として福音を分かち合う場であることを学びました。そして三番目に「信じる者たち」についてお話ししましたが、この中にあなたも含まれます。神はあなた個人に心を留めておられます。今晩が沖縄ケズィックで最後の集会になります。皆さんは本物のクリスチャンですか。主イエス・キリストをあなた自身の救い主として信じますか。まだ信じていない方がいたら今日が救いの日です。主の家に帰ることができるようお招きしたいと思います。あなたがなぜ存在しこれからどこへ行くのか答えはここにあります。また、クリスチャンの皆さんの中に自分の進むべき道を迷っている方はいませんか。主イエスの豊かな恵みと憐れみを思い出して彼のもとへ立ち帰ってください。そして皆さんの中にフルタイムで献身するために、イエスから特別に名前を呼ばれている方がいるかもしれません。私たちは説明できなくても主は確かに語りかけておられます。

(文責：佐久眞武三)

〈第30回九州ケズィック・コンベンション〉

ヨセフ――希望をもって生きる

スティーブ・ブレディ

創世記41～45章

1981年、イギリスである政党が集会を開きました。リーダーは、次の選挙では自分たちの党が政権を取るという確信を持っていました。最後の集会になった時、代表の人々にこう言いました。「これから選挙区に帰って行って政権を取るための準備をしなさい」。

私たちの生涯においても、ヨセフの生涯においても、この言葉は福音の真理です。「帰って行って政権を取る準備をしなさい」。なぜなら、いつの日かキリストと共にこの世界を治めるようになるからです。ですから今日のメッセージのタイトルのように、希望をもって生きましょう。私たちは神の栄光にあずかるという将来が決まっています。神を愛する者たちのために、神はすばらしいことを用意してくださっているのです。それでは、どのように希望をもって生きていくのでしょうか。

1　人生が苦い時に甘さを保ちなさい

37章を見ると、17歳のヨセフは、自分の人生はすばらしいと思っていました。彼はあや織りの長服を着て、兄弟たちの誰よりも父に愛されていました。けれどもその数時間後、彼はすべてのものを失ってしまいました。長服、家族、父、尊厳と自由、命さえも失いそうになりました。しかし41章になると、彼の人生は大きく変わります。17歳の時に180度変わった彼の人生が、また180度変わったのです。

「そこで、ファラオは自分の指輪を指から外してヨセフの指にはめ、亜麻布の衣服を着せ、その首に金の首飾りを掛けた」（41章42節）。

17歳のヨセフは、自分は特別な存在だと思っていました。しかし実際には、彼は何者でもなかったのです。30歳になって王から呼び出されるまでは、彼は何者でもありませんでした。突然ファラオの前に呼び出されて、何者でもなかった者が、特別な、偉大な者に変わったのです。神は驚きに満ちたお方です。個人の人生にも、教会にもリバイバル起こしてくださるのです。

2014年にカンボジアのリーダーと会いました。彼はポル・ポト派の大虐殺の中を生き延びた人でした。彼は政治犯として収監されましたが、そこで破られた聖書の一ページを見つけました。その聖書の言葉を読んだ時、彼はクリスチャンになったのです。彼は「今日、カンボジアの人が大勢イエス・キリストに従っている」と言いました。神の霊が日本にも豊かに臨んで働かれることを祈りましょう。この国は日の昇る国です。マラキ書の4章には「義の太陽」とあります。義なるお方であるイエス・キリストが日本の国に輝いてくださいますように。

ヨセフはポティファルとその妻に訴えられて牢屋に入れられました。突然ヨセフがファラオに次ぐ権力者になった時、彼らは不安を感じなかったでしょうか。しかしヨセフからは、彼らに対しても家族に対しても苦々しさを見出せません。苦々しさは聖霊を悲しませるのです。エペソ人への手紙4章30節に「聖霊を悲しませてはいけません」とあります。苦々しさを捨てて「互いに親切にし、優しい心で赦し合いなさい。神も、キリストにおいてあなたがたを赦してくださったのです」（エペソ人への手紙4章32節）。

ある人々は、牢屋に捕らえられた人が権力をもって国を治めるなんて、それは神話だと言います。ネルソン・マンデラは1964年南アフリカで牢獄に入れられました。その牢獄は2メートル四方の狭い部屋で、小さな電球がついているだけでした。26年後に解放された時、彼はこう言いました。「自由への行進は止めることはできない」。ネルソン・マンデラの心にも復讐や苦々しさを感じません。彼は獄中でクリスチャンになり、解放から4年後に第8代南アフリカ共和国大統領になりました。彼の人生はすばらしいものとなりました。

地球上を歩んだ人の中で最もすばらしい人はイエス・キリストです。十字架に釘づけられる時、天使の軍団を送ってくださいと祈る代わりに、「父よ、彼らをお赦しください。彼らは、自分が何をしているのかが分かっていないのです」と祈られました。ですから、父なる神はイエスを高く引き上げられ、すべての名にまさる名を与えられました。人生が苦い時に甘さを保ちなさい。

2　人生が良い時に感謝しなさい

「貧しさも富も私に与えず、ただ、私に定められた分の食物で、私を養ってください」（箴言30章8節）。この賢い祈りは私たちの考慮に値します。何もない状態からすべてを持つようになる時には注意が必要です。ヨセフは総理大臣になっただけではなく、結婚して二人の息子が与えられました。

二人の子どもの名前にはそれぞれ意味があります。マナセは「神の恵みは忘れさせてくださった」という意味です。運転中にバックミラーで時々後ろを見るのはいいことですが、多くの注意は前方に向けるべきです。ある人たちは後ろばかりを見ています。不親切な言葉や仕打ちに対して、苦々しい思いを何年も持ち続けるのです。過去ばかり見るのはとても惨めな生活です。今ある喜びを味わうことができないからです。私たちがイエス・キリストにあって実り豊かな人生を送るために、神の恵みによって過去を忘れることができるようにしていただきましょう。

もう一人はエフライム、「実り多い」という意味です。これからの7年間はとても良い時です。豊作で、必要以上にたくさん与えられます。みなさんが人生の良い時期を過ごしているなら、神に栄光をおささげし、その時を楽しんでください。今、いい状態であるならそのことを喜びましょう。

3　人生が複雑なとき賢くありなさい

人生において壊れているものを修復するには時間がかかるということを覚えましょう。特に壊れた家庭の修復には時間がかかります。ヨセフの育った家庭のように虐待が起きたり、家庭生活がうまくいかなくなった時には、ヨセフがしたことを覚えましょう。

①「天使が踏み込むのを恐れている所に駆け込むことはやめなさい」

イギリスのことわざです。行動を起こす前によく注意しなさいということです。ヨセフの育った家庭は深く傷ついて壊れていました。20年以上罪が続いていました。ヨセフは総理大臣になった時、兄たちに対してすぐに行動を起こすことはしませんでした。なぜでしょうか。鍋にこびりついた汚れはお湯と洗剤につけたまましばらく置きます。時間が経つと汚れが浮かび上がってくるからです。聖書は「すべてのことには時がある」と言います。壊れた家庭を修復するには神の時を待たなければなりません。

② 飢饉を待ちましょう

「ヤコブはエジプトに穀物があることを知って、息子たちに言った」（42章1節）。七年の豊作の後に飢饉となりました。ヤコブはヨセフがエジプトにいるとは思ってもいませんでした。死んだと思っていたヨセフによって、自分の必要が満たされるとは考えもしなかったでしょう。和解し、関係を取り戻すためには時を待ち、祈らなくてはなりません。放蕩息子は空腹のあまり豚の餌を食べようと思った時に光が与えられました。父の家には食べ物が有り余っている。家に帰る決心をした息子を父親は待っていました。

ヨセフはなぜ、自分から兄弟たちに近づいていかなかったのでしょう。ヨセフは彼らを赦していなかったのでしょうか。いいえ、ヨセフはすでに兄弟たちを赦していました。しかし人を赦すことと、和解して再び親しくなるということは違います。和解のためには両サイドが必要です。たとえば夫が罪を犯してしまい、妻は自分の心が苦々しくなりたくないために赦したとします。しかし夫が心から悔い改めないなら、和解は起こり得ないのです。もしヨセフが軍隊を率いてカナンに戻っていたなら、和解は不可能だったでしょう。彼らは単にヨセフを恐れたでしょう。22年という長い年月の後に、彼らの関係を回復する機会が訪れました。

今、人との関係において苦しんでいる方がおられるなら、どうぞ飢饉が起きるように祈りましょう。関係を回復する機会が与えられるように祈りましょう。

③　注意深く進みましょう

兄弟たちはヨセフのもとに来て送り出され、また戻ってきます。ヨセフはゲームをしているかのように兄弟たちを行ったり来たりさせ、最終的にはベニヤミンを帰さずに奴隷として留めようとしたのです。ベニヤミンはヤコブにとって大事な存在です。その時ユダがヨセフに近づきました。44章の最後を見てください。ユダはヨセフを奴隷として売り飛ばそうと言った人物です（37章26～27節）。彼は失敗した人物です（38章18節）。しかし、そのような失敗した者をも神は見捨てないお方です。

放蕩息子が帰ってきた時、最初に出会ったのが兄であったならどうなっていたでしょうか。「ついに帰ってきたのか。自分を恥ずかしく思え。お前は父親の心を傷つけ、財産を使い果たし、何もない者になってしまった。なぜおまえはここにいるんだ」。こういうクリスチャンはいませんか。その人は恵みのもとにいるのではなく律法のもとにいるのです。

ユダは自分を義とすることができない人でした。20年間、ヨセフのことを考える時間が与えられ、彼の心は神の恵みによって変えられていきました。以前は自分のことばかりに関心があり、自分がナンバーワンだと思っていました。44章の最後の言葉によって、彼が別の人になったことがわかります。ユダはベニヤミンの身代わりとなって、自らが牢に入ることを申し出たのです。罪に定められていたベニヤミンがユダによって自由とされるのです。

イエス・キリストはどの民族から出たのか覚えておられるでしょうか。ユダの部族から生まれたのです。主は私たちの罪のために自らを差し出されました（マルコの福音書10章45節）。罪を知らないお方が、私たちのために罪人とされました。私たちがその方にあって義とされるためです。主が私たちの罪のための究極の身代わりとなってくださったことを神に感謝したいと思います。

4　何が起こっても神に焦点を合わせ続けなさい

十字架を感謝しましょう。究極の救い主を感謝しましょう。45章において、はっきりと神の御手を見出します。「先にお遣わしになった」（7節）、「私をここに遣わしたのは、あなたがたではなく、神なのです」（8節）。要約したのが50章20節です。「あなたがたは私に悪を謀りましたが、神はそれを、良いことのための計らいとしてくださいました。それは今日のように、多くの人が生かされるためだったのです」。

神はヨセフの痛みを通して働かれ、ヨセフの家族を救い出されました。その背後に神の御手は継続して働いていました。ヨセフは特別に愛されていた子でしたが、彼はそれを失い、落ちていきました。

しかしヨセフは引き上げられ、エジプトで総理大臣の地位に就きました。人々を救う救い主の役割をもったのです。ヨセフは世界の救い主、イエス・キリストを思い起こさせます。神の御子であるイエス・キリストはこの世界に降ってこられました。苦しみ、血を流し、死に至るまで従順に歩まれました。そして今は全宇宙の王となられ、この世界のあらゆる権力に勝るお方として王座に就いておられるのです。これが神の贖いのみわざのパターンです。聖書はこう言っています。「子どもであるなら、相続人でもあります。私たちはキリストと、栄光をともに受けるために苦難をともにしているのですから、神の相続人であり、キリストとともに共同相続人なのです」（ローマ人への手紙8章17節）。

私たちも政権に就く準備をしなければなりません。私たちは神の恵みによってキリストと共にこの世界を治めるのです（テモテへの手紙第二2章12節）。チャールズ・ディケンズの著書に『大いなる期待』という本があります。貧しくて、何の希望も持てないような子どもがいました。しかし、匿名の人物が彼に莫大な遺産を遺しました。貧しくて何も持っていなかった者にすべてのものが与えられたのです。彼は人生に大いなる期待をもって生きることができるようになりました。もちろんこれはフィクションです。しかし、ここに事実があります。私たちはすばらしいイエス・キリストの恵みにあずかっています。「目が見たことのないもの、耳が聞いたことのないもの、人の心に思い浮かんだことがないものを、神は、神を愛する者たちに備えてくださった」のです（コリント人への手紙第一2章9節）。

今日、私たちはケズィックを終えてここから帰って行きます。家に帰って行って政権を取る準備をしましょう。

（文責：横田法路）

〈第55回大阪ケズィック・コンベンション〉

神に仕えることの危うさ

ジョン・オズワルト

レビ記10章1〜7節

米国の作家マーク・トゥエインは言いました。「私を悩ませるのは、読んで理解できない聖書の個所ではない。読んで理解できる聖書の個所だ」。今日は、読んだ私たちを悩ませる五つの聖書個所を見ていきましょう。これらの物語では、神が人を直接的・間接的に殺されます。それをどう受け止めるかは、神が聖であられることを私たちがどう理解し、私たちの説教がどのようなものになるかに影響してきます。

最初の記事はレビ記です。神はこの書物の最初の9章を費やして神の民がご自身に近づく方法を指定されました。10章に入って、アロンの二人の子、ナダブとアビフが登場します。彼らは神が命じられたのとは異なった火を献げました。彼らはこう言ったかもしれません。「指定された方法は実にややこしい。ただの火じゃないか。私たちの方法でささげれば良いだろう」。その結果、主の前から出てきた火が彼らを焼き尽くしました。

二つ目はヨシュア記7章です。イスラエルがエリコを攻め取ったのは、神が約束された土地を受け取る戦いでした。イスラエルは聖絶に用いられたにすぎませんから、分捕り物を得ることはできませんでした。ところがアカンはそこで美しい外套と金銀を見つけて我が物にしました。そのため、彼はいのちを無駄にしたのです。

三つ目はサムエル記第二6章です。長い間キルヤテ・エアリムに放置されていた神の箱はエルサレムに移されようとしていました。牛が引く荷車の上に置かれた神の箱は、道が凸凹していてがたがた動きます。落ちないようにと掴んだウザはその場で死にました。神に打たれたのです。

四つ目は最も私を悩ませる記事です。列王記第一13章に登場するユダの預言者は「パンを食べてはならない。水も飲んではならない」(13章9節)と命じられてイスラエルに送り出されました。ところが彼は、イスラエルの老預言者に騙され、食事をしてしまいました。食事を終えて帰途に就いたユダの預言者は、途中で獅子に殺されました。

新約聖書にも同様の記事があります。五つ目は使徒の働き5章のアナニヤとサッピラの記事です。彼らは、持ち物を売った代金を教会に全部ささげて尊敬を受ける人々を見ました。彼らも土地を売ってその一部を教会にささげましたが、それは全部ささげたような印象を人々に与えました。その結果、彼らは死にました。
実は、これら五つの物語には三つの共通点があります。

1　彼らは皆、神に仕えていた

これらの物語に登場した人たちは皆、神に仕えていました。祭司、勇士、レビ人、預言者、そして初期のキリスト者たちです。神に近い所にいたからこそ、彼らは神に殺されたのです。

C・S・ルイスの「ライオンと魔女」の物語をご存知でしょう。ナルニア国にやって来た子どもたちは、国王アスランがライオンだと知って言いました。「アスランは安全な方なの？」。尋ねられた者は答えました。「安全だって？　彼はライオンなんだよ。でも、彼は良い方だ」。主は安全な方ではありません。大変危険で、その力は私たちを殺すほどのものです。しかし、良い方なのです。神ご自身の力は神の良きことの中に含まれています。神は私たちを造り変えられ、自由に用いられるまでに整えてくださいます。ところが私たちは、神を自分で好きに動かせるよう安全なものにしようとするのです。主の働きに仕える私たちの最大の問題は、神を自分で取り扱える大きさにまで小さくしようとすることです。ナダブとアビフが死んだ後に、主はこのように言われました。「わたしに近くある者たちによって、わたしは自分が聖であることを示し、民全体に向けてわたしは自分の栄光を現す」（レビ記10章3節)。神が聖であられるとは、私たちとまったく異なる方だということです。神に近づく者たちは、この聖なる方を自分のサイズにまで小さくしてはいけません。ヘブル人への手紙12章14節には「聖さがなければ、だれも主を見ることができません」と語られています。神に近くありたいと願われますか。では注意深くあってください。皆さんの生涯の中に、神に働いていただくようにするべきなのです。

2　彼らは皆、神を軽く扱った

彼らは神に仕える者でした。ところが、神を軽く扱ってしまったのです。ナダブとアビフは意図的に「異なる火」を献げました。プロとして主に仕えている者にとって最大の危険は、聖なるものを気楽に取り扱ってしまうことです。私たちはどう祈りどう説教するかを学んでいますが、それが当たり前のことになってしまってはいないでしょうか。「単なる神のことではないか」と。

ある説教者が有名なキリスト教大学の卒業式に招かれ、説教することになりました。それはすばらしい栄誉です。説教の途中に聴衆がシーンと静まり返った時、「彼らは私の手の上に載っているんだ」と彼は思いました。次の瞬間、彼はいま自分が神の前に出ていることに気づいたのです。彼はその後の説教をできる限り早く終え、部屋に帰ってベッドの前で跪きました。「神様、私を憐れんでください。

語られるのは私ではなくあなたでした」。愛する兄弟姉妹、聖なることを無頓着に扱うことを止めてください。説教壇には、おののきつつ震え行っていただきたいのです。

アカンも神を軽く扱いました。彼はこう思ったかもしれません。「私はエリコ陥落に重要な役割を果たしたのだ。少しくらいもらっても良いだろう」。しかし、神に仕える者は、すべての必要を神にまったくゆだねるよう招かれているのです。どれだけ多くの牧師たちが、いま不倫や姦淫の中に陥っているでしょうか。教会活動や夫婦関係がうまくいっていない時に一人の女性が「牧師先生、すばらしいですね」と言ってくれると、彼女の腕の中に陥っていくのです。あなたの励ましの必要は誰が満たしてくれていますか。神でしょうか。

アナニヤとサッピラも神を軽く扱いました。彼らは、十字架なしで人々に褒められようとしたのです。私たち教職者にも、敬虔に見せかけようとする態度はないでしょうか。毎年、私は神学生にこう言います。「神学校では神様について語ることをたくさん学びますが、神様に語ることを忘れてはいけません。あなたの祈りや説教はすばらしいと人々から褒められても、あなたの心は冷たくて杓子定規にしか物事を行えないことがあり得るのです」。神からより、人からの栄誉を求めておられませんか。アナニヤとサッピラが求めたのはまさにそれでした。

あと二つの物語は意図せずに神を軽く扱ってしまったケースです。ウザの場合、神の箱は四隅の輪に10メートルほどの棒を入れて担ぐよう指示されていました。しかし、彼らは牛で引く台の上に置きました。ウザが打たれてから放置された神の箱を、ダビデはもう一度運びました。この時、箱は輪の中に棒を通して運んだのです。私たちの方法ではなく、神の方法でするのです。神の方法に背くならば重大な結果が待っています。主の働きを進めようとする時、御心を求めて祈らないなら、意図的でなくても神を軽く扱うことになり、私たちはその結果を甘んじて受けなければなりません。

ユダから来た預言者は、お腹が減ってしまったために、恐らく「神様、あなたはご計画をお変えになったのですか」と尋ねなかったのだと思います。私は同じようなケースに陥ったことが何度かあります。何かを求めている時にその扉が開かれて、「神様、あなたが与えてくださったのですか」と尋ねなかったのです。神は喜んで私たちにすべてのものを備えてくださいます。しかしそれは神の方法で、神の時にです。私たちは自分の願いを神にまったく明け渡しているでしょうか。

神に仕えるとは、激しく燃えている火の中から「来なさい」という声が聞こえて来るようなものです。藁のような存在でしかない私たちを火である方が招かれるのですから、どうすればその火の中で生き延びられるかに細心の注意を払わなければなりません。

彼らは皆主に仕えていました。ところが、神を軽く扱ってしまいました。

3　これらの物語は、神の啓示のプロセスの重要な時に起こっている

これら五つの物語は、神ご自身の啓示のプロセスの中で、実に重要な時に起こっています。ナダブとアビフの記事は、シナイ山で神が契約を結ばれ、アロン系の祭司がどうあるべきかが定められた直後の出来事でした。それは言わば、燃え盛る火の中で藁が生き延びる方法です。その方法を、ナダブとアビフは無視してしまいました。

アカンの記事は、神がカナンの地を与えると言われたお約束が成就しつつあった時でした。神はすべての必要を満たしてくださるお方です。しかしアカンは、必要を自分で満たそうとしました。

ウザの記事はどうでしょうか。この後エルサレムに神殿が建設され、神は彼らの間に住むと言われました。「それはわたしが決める方法によってであって、あなたがたが決めるのではない」と、ウザの死を通して神は示されました。

ユダからの預言者の場合はどうでしょう。その頃から預言者の黄金時代が始まっていきます。預言者が語るのは誰の言葉でしょうか。自分自身が語りたいことを語るのでしょうか。それとも、すべての人の真の必要を満たしてくださる方のお言葉でしょうか。

アナニヤとサッピラの記事は教会が始まった頃の出来事です。キリスト教会にとって最大の危険は、立派なクリスチャンに見せかけて歩むことです。私たちは誰に評価されたいのでしょうか。

これらの物語は全部、神の啓示がどれほど重要であるかを示しています。神は私たちを、私たち自身から救おうとしておられます。どういうことかおわかりでしょうか。五つの物語でいのちを失った彼らは、それぞれの時代の初めに、やがて誰かが必ずするであろう間違いを犯したのです。その人たちに手を下されることによって、各時代の初めに神は「私はあなたがたが思うようにできる存在ではない」と示されたのです。私たち人間は実にみごとな偶像を造ります。それは、自分のために神の力を自由に使おうとすることに他なりません。それをしたのは彼らだけでしょうか。いいえ、今ここにいる私たちも同じ間違いを犯してきたのではないでしょうか。

ある人が走って来る機関車の前に立って死んだのに、同じことをした千人が死ななかったとしたら、神はこの人に残酷だったのではなく、生き延びた千人に恵み深かったのです。私たちも、神が憐れんで赦してくださるから生き延びているのです。もしも恵みがなければ私たちはみな神に打たれて、今この部屋は空っぽの筈です。そのため神はご自分の御子を受肉させてくださったのです。

神に仕え神のご臨在の前に出ることは、実に危険なことだと知ってください。神の恵みを当たり前のように思い込み、聖なる方の前でいいかげんになっていることや、神を用いて自分の願いを満たそうとしていることはありませんか。その結果は、やがて必ず死を招きます。

1940年頃、アメリカにすばらしい若手の伝道者が三人いました。ジャック・シューラー、チャールス・テンプルトン、そしてビリー・グラハムです。当時、ビリー・グラハムは三人で一番説教が下手だと評価されていました。

チャールス・テンプルトンはリベラルな神学校に行き、大教会の牧師になりました。すばらしい給料をもらい、スピードが出る車を購入しました。彼は自動車事故で亡くなりました。

ジャック・シューラーが説教するたびに多くの人々が招きに応えました。一週間のリバイバル集会を終えたある朝、彼は安宿の中で死んでいる姿を見つけられました。死因は麻薬の過剰摂取とアルコールのためで、前の晩は妻でない女性と過ごしたことが分かりました。彼の現実の生き方は彼の説教とまったく違っていました。

ビリー・グラハムはある晩こう祈りました。「神様、あなたのみ言葉は誤りのない真理です。ですから私はみ言葉を信じ、その通りに説教します」。

私たちはいずれ地上の生涯を終えることになります。その時まで何をなすべきなのでしょう。それは、神が聖であられることをしっかりと理解して歩んでいくことです。私たちの必要を神の手にお委ねし、あらゆる状況で神のみ言葉に従い続けていくことにおいて。神ご自身に属するものには触れないことにおいて。あらゆる犠牲を払って、本当のものを求めていくということにおいて。見栄えにとらわれずに歩んでいくことにおいて。アーメン。お祈りしましょう。

（文責：山本達理）

〈第14回 東北ケズィック・コンベンション〉

若者よ、み言葉を！

テモテへの手紙第二 3章10節〜4章5節

錦織 寛

このテモテへの第二の手紙はパウロが殉教前に書いた最後の手紙と言われています。パウロは何回かの投獄の後、ローマの獄中にいて、まだ若いテモテにこの手紙を書いています。若い時にイエスと出会い、イエスを信じ、御言葉を聞くことができるほどすばらしいことはありません。パウロは一回目の伝道旅行の途中、ルステラに立ち寄ったとき、そこでテモテに出会いました。その頃テモテは十代後半か二十代前半。お母さんはユニケ、おばあちゃんはロイス、パウロは代々受け継がれた信仰をテモテに見ていました。テモテのお父さんはギリシア人で、彼はまだ割礼を受けていませんでしたから、今後の働きのために、彼には割礼を受けさせました。そして二回目の伝道旅行からパウロと同行したのでした。

テモテはパウロを尊敬し、パウロもテモテをかわいがりました。ですからパウロの生き方がすっかり、テモテに映ったかと思われるほどでした。テモテはパウロの信頼を得て、しばしば、パウロの代理で教会を訪ねたりしました。

パウロはこのテモテに何度か個人的にも手紙を書いています。それがこの第一、第二の手紙です。同じ獄中からの手紙でもピリピでは「わたしがすでにそれを得たとか、すでに完全な者になっているとか言うのではなく、ただ捕えようとして追い求めているのである。そうするのは、キリスト・イエスによって捕えられているからである。兄弟たちよ。わたしはすでに捕えたとは思っていない。ただこの一事を努めている。すなわち、後のものを忘れ、前のものに向かってからだを伸ばしつつ、目標を目ざして走り、キリスト・イエスにおいて上に召して下さる神の賞与を得ようと努めているのである」（3章12～14節）と言っていましたが、この第二テモテでは「わたしは、すでに自身を犠牲としてささげている。わたしが世を去るべき時はきた。わたしは戦いをりっぱに戦いぬき、走るべき行程を走りつくし、信仰を守りとおした」（4章6～7節）と言っています。パウロは自分の死が近いことを知っています。けれども死ぬ前にどうしてもこれだけは伝えておきたいことがある。若いテモテ、自分の一番弟子のテモテにどうしてもこれは伝えたい。いわば、この第二テモテはパウロの遺言です。

その遺言の、しかも最後の最後にパウロが襟を正して言ったこと、それが「神の御前で、そして、生きている者と死んだ者を裁くために来られるキリスト・イエスの御前で、その出現とその御国とを思いつつ、厳かに命じます。御言葉を宣べ伝えなさい。折が良くても悪くても励みなさい」ということでした。

1　御言葉に親しむ

私たちが御言葉を宣べ伝える前に大切なことは、御言葉にしっかり目をとめるということ、御言葉に親しむということです。パウロはここでテモテに言います。あなたは小さい頃から聖書に親しんできた。私たちが主イエスの来臨を待ち望むにあたって何よりも大切にしたいことは御言葉に親しむことなのです。私たちが神の御心の中を歩むためにもどうしても御言葉に親しむということが大事です。世の中には作り話や、人を惑わすような言葉が満ちています。人を滅びに至らせるような言葉があふれています。教会の中にもまがい物の言葉が紛れ込んでいるという現実がパウロの時代にはありました。だから御言葉に親しんでいるようにとパウロは語ります。

聖書の御言葉は「すべて神の霊に導かれて書かれている」とあります。それはまさに神の口から出る息吹によって御言葉は語られているのです。主イエスは悪魔に対して「人は神の口から出る一つ一つの言葉によって生きる」とおっしゃいました。だからこの神の言葉は私たちを生かすのです。

あなたは聖書の言葉に親しんでいますか。あなたは聖書の言葉が好きですか。私は牧師の家庭に育って、小さい時から聖書を読んでいましたけれども、私たちにとっての聖書の言葉はとてもこわい言葉でした。これをしなさい、あれをしなさい、そうしなかったら承知しないぞ、地獄に行くぞ、というような裁きの言葉であり、脅しの言葉です。私はいつも聖書の言葉の通りに自分が生きていないのではないか。そうしたら神に裁かれ、捨てられてしまうのではないかとビクビクしていました。しかし、私が大学生の時に、神が私に語られたのはイザヤ書43章1節の御言葉でした。「あなたはわたしのもの」。その時、神が教えてくださったのは、自分がどうであっても、神は私を愛していてくださるということでした。失敗することも、あてにならないこともあるだろう。けれども、神はあなたを見捨てない。神の御言葉が恵みとして響いてくるようになりました。その時から、私の聖書の読み方が、神に対する見方が変わりました。

神は聖書を通して、私たちを叱咤激励し、ダメ出しをしておられるのではありません。神の口から出る言葉は私たちを生かします。まだダメだ、まだダメだと裁くのではなく、私たちを生かし、私たちを造り変えていくのです。たとえば、「いつも喜んでいなさい」という御言葉を読む。それを戒めとして読むと、けっこう厳しいなあと思う。挫折してやっぱり自分はダメだと思ったり、結構自分は頑張っていると高慢になったりする。こんなの無理だ、それでいい。あなたには無理だけれど、御言葉が語られるときに、そのことは聞いて信じる者のうちに恵みとして実現していく。御言葉が命となってあなたをそのような存在にしていく。主イエスは中風の男に「起きよ、床を取り上げて家に帰れ」とおっしゃる。その呼びかけを掟として聞いたら、こんな残酷な言葉はありません。しかしもしそれが主イエスの言葉、神の言葉だったら、その言葉を聞いて信じる者たちの中に生きて働き、その語られた通りのことをその人の生涯の中に起こしていくのです。聖書は神が私たちに与えてくださる恵みの約束です。聖書の御言葉が私たちの生涯の中に現実のものとなっていくのです。聖書の言葉にはいのちがあり、私たちを救いに導き、その後の歩みも支えます。

聖書の御言葉に距離を置くとしたら、私たちは生きていくことができない。毎日15分聖書を読んだら一年で通読できる。5分ずつだったら三年で聖書を読むことができる。決して無理なことではないでしょう。聖書の御言葉はどんな宝にまさって若い皆さんの宝になっていくのです。

2　御言葉を宣べ伝える

パウロは「時がよくても悪くても」と言いました。実際には決して時がよいとは思えない状況です。迫害があり、困難があり、そして、パウロ自身、殉教を覚悟しています。しかし、パウロは言います。「御言葉を宣べ伝えなさい」。

まず、自分がクリスチャンであることを公にしてください。私は教会に行っています。私はクリスチャンです。私はイエスを信じています。あなたのそばにいる人たちにそのことを語ってください。

私は散髪屋さんに行きます。散髪屋さんって結構おしゃべりですよね。いろいろなことを聞いてくる。「お客さん、どんなお仕事しておられるんですか」。ただ私は散髪の時にはどちらかと言うと、あまり自分の仕事のことは言いたくない。リラックスしてただゆったりと過ごしたい。でも、散髪屋さんは「今日はお休みですか」とかいろいろさぐりを入れてくる。「ええ、ちょっと」「まあ……はい」、私はのらりくらりと返事をしていました。証しのチャンス！　とも思うのですが、「私はそこの教会の牧師です」がなかなか言えない。ところがある日、いつも教会に酔っ払って顔を出す近所のおばちゃんが、やっぱりその日も酔っ払って散髪屋さんに顔を出して言いました。「あ、教会の先生だ！」。

パウロがテモテにこのことを言うのは、テモテの中にかつてのような大胆さがないのではないかということを感じていたからです。テモテは励ましを、もう一度初心に帰ることを、恵みに立ち帰り、御言葉に立ち帰ることを必要としていました。それはすべてのキリスト者に神が期待しておられることです。祈りつつ、神に力を求めてください。御言葉を宣べ伝える、証しをするのは牧師だけの仕事ではありません。それはすべてのキリスト者に与えられた使命です。キリストがあなたを救ってくださったことを語ってください。聖書の御言葉を証ししてください。直接的に、また、間接的にあなたの生き方を通して証ししてください。あなたを見る人が、あなたは他の人と何か違う、ということに気がついて、あなたの中に何があるのかを尋ねてくるようになったらどんなにすばらしいことでしょう。

最後に

しかし同時に、若い皆さんに特にお話ししたいことがあります。20代でなければできないこと、30代でなければできないことがあります。あなたが若い時に信仰を持つことができたということは、神が与えてくださったすばらしい恵みであり、特権です。今、教会は若い献身者を必要としています。クリスチャン信徒として仕事をしながら、教会を支える、またその上で、もし主が導かれたら、定年後の10年、20年を献げて、御言葉を語らせていただこう、それもすばらしいことです。私が関わっている神学校にもそのような年配の献身者の方々がたくさんおられます。そしてそのような方々は若い献身者たちに多くのすばらしい影響を与えてくれていると本当に思います。

けれども、若い時に、その生涯を神に委ねて、その長い生涯を全部、神さまのために献げる人たちが必要です。知恵も経験もないかもしれません。私が牧師になったとき、26歳でした。経験もなく、知恵もなく、未熟で、いっぱい失敗もしましたし、たくさん迷惑もかけたけれども、若い時に出会えた人たちがいて、若い時に関わることのできた人たちがいたということはどんなものにも勝る喜びです。ガリラヤ湖の漁師たちを弟子とし、宣教者とし、教会に仕える者とされた神はあなたを、ご自身のために造り上げることがおできになるからです。

〈第54回北海道ケズィック・コンベンション〉

恵みの中で生きる

ジョン・リスブリッジャー

エフェソの信徒への手紙　3章1～21節

私は大学を卒業した後に、四つ仕事を変えましたが、どれも私にとっては荷が重すぎると感じるようなものばかりでした。特に、今私が仕えている教会の牧師の任命を受けた時がそうでした。これはみなさんにとって驚きかもしれませんが、私は教会の牧師となるための正式な訓練を受けていないのです。しかも、私が仕えている教会は、サウザンプトンでは有名な大きな教会でした。その時教会は、少し危機的な状況に直面していました。もしかすると教会が分裂するかもしれないというような状況でした。皆さんの中にもきっと、私と似たような経験をお持ちの方がいらっしゃるかもしれません。自分に与えられている仕事がチャレンジングで大きすぎると感じるようなもの。もし皆さんの中にそのような経験をされている方がいらっしゃるとすれば、今日皆さんに二つの良い知らせがあります。

一つ目の良い知らせは、皆さんが経験していることは誰も経験したことの無いことではないということです。二つ目の良い知らせは、恵みというものは、ただ単に私たちの救いに関わることだけではなく、私たちが神に仕えていく時にも、神の恵みによって働かせていただいているということです。働くことが、神の恵みによるものだということを知れば、考え方が変わってくると思います。たとえ仕事の責任が大きくても、神の恵みによるのだから大丈夫だということです。今日はそのようなことをテーマにして、恵みの中に生きることについてお話ししていこうと思います。

エフェソの信徒への手紙3章7節にも8節にも、恵みという言葉が出てきます。7節に書かれていることは、自分のようなものが御言葉を宣べ伝える働きに召されているのは、神の恵みによるものだということです。また8節では、御言葉を宣べ伝える働き自体も、神の恵みによるものだということが語られています。これは牧師にしか当てはまらないものではなく、すべての人に関係するものです。なぜなら、牧師であるなしに関係なく、すべての人は神に仕えて生きるように召されているからです。神のために仕えることができるのは、私たちがそれにふさわしいからではありません。神の恵みが、私のような者を神の働きの一部に加えてくださっているということなのです。神が私にしなさいと言われる仕事をする力は、私の中には無いのです。それでも、神の恵みが足りない者にその力を助けて与えてくださるのです。そのことをしっかりと捉えていくならば、私たちの生き方は変わっていくと思います。

一つは、人間はどうしてもプライドが高く、自分が自分がと思いますが、そこから解放されます。自分がやっているのではなく、神の恵みが私をこの働きに召してくださったのだと確信することは非常に大事です。またもう一つは、恵みをしっかり知っているならば、もう自分はダメだという考えに縛られずに、そこから解放されるのです。私たちが疲れるのは、自分の力を振り絞るからであって、そうではなく神が恵みによって力を与えてくださるからできるのです。私たちは恵みによって救われました。それと同時にまた、恵みによって神に仕えるのです。そのような意味で、恵みに満たされて生きることについて、三つのことを考えたいと思います。

1　恵みに満ちた宣教・奉仕（1〜9節）

少しむずかしい質問をします。「私の人生とはこういうものだと一つの文章で表現してください」。アップル社のモットーは「think different」、つまり他の人とは違った考えで生きろということです。もし同じ質問を使徒パウロに尋ねたならば、「恵み」と言うのではないかと思います。そのことをパウロは、使徒言行録20章24節の中でも言っています。「しかし、自分の決められた道を走りとおし、また、主イエスからいただいた、神の恵みの福音を力強く証しするという任務を果たすことができさえすれば、この命すら決して惜しいとは思いません」。このことの詳しい内容がエフェソの信徒への手紙3章に書かれています。パウロは3章を「恵みに満ちている」と書き始めていますが、3節では奥義とか秘められた計画と言っています。そして6節でその奥義や秘められた計画が何かを語っています。「すなわち、異邦人が福音によってキリスト・イエスにおいて、約束されたものをわたしたちと一緒に受け継ぐ者、同じ体に属する者、同じ約束にあずかる者となるということです」。この恵みの福音は、まずイスラエルの民によって現されました。それが今やすべての国民に伝えられているのです。すべての国々の民がこのメッセージを受け取ることができるようになった、そのことが奥義ということなのです。そのことは1章や2章でも言及されています。2章では、私たちは行いによって救われるわけではないと書かれています。また救いは、私たちの国籍や生まれとは関係ありません。私たちの救いの唯一の土台は、キリストの十字架と復活にかかっているのです。これが恵みのメッセージです。この恵みのメッセージが、すべての国々の民に開かれているということです。恵みのメッセージを、今度はその恵みに拠り頼んでいる者が伝えていくことになるわけですが、この恵みが、パウロを恵みを伝える者として召したのです。彼は自分の務めがすべて神の恵みから来ていることを知っていたので、自分の弱さを正直に語ることができるのです。

たとえば、みなさんが教会の人たちの前に立つとします。その時に「私は本当につまらないクリスチャンだ」とか、「自分は小さな者の中の最も小さな者だ」とは、なかなか言いにくいと思います。ところが、パウロがしているのはそういうことなのです。コリントの信徒への手紙二でパウロは言いました。「私は土の器に過ぎない者だ」と。私たちはどうでしょうか。「恵み」という言葉が、みなさんの生き方を表す言葉となっているでしょうか。恵みを知るならば、自分の弱さに捕らわれなくなるのです。自分がどんなにふさわしくない者であっても、そのままを受け入れることができるのです。それでも私たちはどうしても人前に立つ時に、自分は他の人よりもできるとか、自分をよく見せたいという欲が出てくるのです。というのは、心の奥底で自分に頼ろうとするところがあるからです。たとえ神の恵みがあったとしても、私たちの働きやビジョンは良い方向に向かったり、制限されたりすることがあります。自分だけを頼りにすると、どうしても限界を感じるので、自ずとビジョンも小さくなってしまいます。しかし、私が神に仕えているのは、神の限りない恵みによるものだと知るなら、そのような制限はなくなります。神の恵みは、私たちを限界という束縛から解放してくださるのです。神の恵みをしっかりと握り、他の人々を豊かに愛する者となる。これが、恵みに満ちた働きです。

2　恵みに満ちた共同体（10〜13節）

ある人はこのように言います。「イエス様はすばらしいお方だと思うのですが、教会に行くのはちょっと」と。しかし、パウロに言わせるならば、それはナンセンスな考えなのです。エフェソの信徒への手紙5章25節で「キリストは教会を愛」されたとはっきり書かれているからです。たとえ教会が不完全でもどかしさを感じるような群れだとしても、イエスは教会を愛しておられます。キリストが教会を愛されたとは、単に感情的なものではなく、教会が恵みに満ちた場所であることを願われているということです。教会が恵みに満ちた共同体であるならば、その中心に宣教のスピリットが生まれて来るはずです。私たちの周りにある世界は、様々なところが荒れ果て、崩れていっています。エフェソの信徒への手紙を見ると、この世界が壊れてしまっていても、神はこの世界をご自分と和解させて新しくするというご計画を持っていらっしゃいます。それは1章9～10節に書かれています。ところで、神がそのような計画を持っていらっしゃるという証拠はどこにあるのでしょうか。パウロは、その証拠は教会の中にあると言っています。教会がまず初めに神と和解した模範です。神の和解の恵みが、実際に生きて働いているという場が教会の群れでなければなりません。

イエスの時代の中東地域、特にユダヤ社会においては、ユダヤ人か異邦人かというはっきりとした区別がありました。しかし、2章の後半でパウロは、ユダヤ人と異邦人の壁はキリストによって打ち砕かれたと言っています。壁が壊れた証拠として、3章6節では、異邦人がユダヤ人の約束に加えられた者となっていると語られているのです。当時の中東の大きく分断された社会が、イエス・キリストによって一つとされる場となったのが教会だったのです。10節では「こうして、いろいろの働きをする神の知恵は、今や教会によって、天上の支配や権威に知らされるようになったのです」とあります。神のすばらしいご計画において、恵みに満ちた教会は重要な役割を担っているわけです。この世界がキリストにあって一つとされる時が来ますが、それは同時に今、教会の中で目に見える現実とならなければいけません。教会は、この世界を最終的にキリストの支配へと導いていく役割を担っていますです。ですから教会自体が、神の恵み、神によって一致されるということが必要です。そして教会こそが、どんな人がいたとしても、互いに愛し合い、受け入れ合う共同体とならなければならないのです。どんなに違いがある人でも、教会に来る時にキリストにあって一つとなっていく、それが教会です。もちろんそれは簡単なことではありませんが、私たち教会が神の恵みの満ち溢れる場でなければいけないということをしっかりと認識することが大切です。

3　恵みに満ちた人々（14〜21節）

3章14節からは祈りの言葉となっていますが、その中心にあるものが、恵みに満ちた人々です。19節にはこのようにあります。「人の知識をはるかに超えるこの愛を知るようになり、そしてついには、神の満ちあふれる豊かさのすべてにあずかり、それによって満たされるように」。私たちのうちに働く聖霊の力によってとあります。

パウロは具体的に何を祈っているのでしょうか。「どうか、御父が、その豊かな栄光に従い、その霊により、力をもってあなたがたの内なる人を強めて、信仰によってあなたがたの心の内にキリストを住まわせ、あなたがたを愛に根ざし、愛にしっかりと立つ者としてくださるように」(16〜17節)。ひとりひとりに信仰によって聖霊が内住されるようにと祈っています。イエスが快適に私たちの心に住まうことのできるような環境に整えられているかどうか。もしも私たちがしっかりと心を整え、聖霊が内に住まわれるようになるならば、どのようになるでしょうか。そうすると、神の恵みがどれほど大きなものなのかが分かってくるのです。私たちはキリストの愛に根ざすものとなると言います。少しずつ私たちの心の中を整理していく中で、そのことを見出していくことができるのです。

ジョン・ストットはこのように言いました。「キリストの愛は、全人類を包むほど広いものだ。永遠に続くまでに長いものだ。もっとも罪深い者にも届くほどに深いものだ。すべての人を天に引き上げるほど高いものだ」と。また、キリストの愛がそれほど広いものであるならば、私自身の限界も広げていかなければならないからです。神は私のような者をも愛してくださいました。また私とは全く違うような人も、神は愛しておられるのです。神が持っている愛を、私にも持って欲しいと神は願っておられるのです。しかしそれは同時に、私にとって大きな慰めにもなるし、確信をもたらすものでもあります。なぜならイエスの愛は、私という存在にも届くほど大きな愛だからです。パウロが19節で言っているのは、イエスの愛は人の知識をはるかに超えているということです。想像をはるかに超えるような愛が、聖霊を通して私にも注がれているということを体験してほしいと言うのです。キリストの愛は圧倒的です。溢れるばかりです。その愛は永遠に変わることがありません。私たちは、この愛を受けている者として、この愛を周りの人たちに表していってほしいと、神は願っておられます。

パウロの祈りは、本当に実現するのでしょうか。パウロは、できると断言します。20〜21節を一緒にお読みしましょう。「わたしの内に働く御力によって、わたしたちが求めたり、思ったりすることすべてを、はるかに超えてかなえることのおできになる方に、教会により、また、キリスト・イエスによって、栄光が世々限りなくありますように。アーメン」。パウロはなぜここまで大きなことを期待して祈っているのでしょうか。なぜなら、パウロの働きの土台は、神の恵みにあるということをはっきりと知っていたからです。そのことを知っているので、パウロはあえて大きなビジョンを、神の力によって、と言って持つことができるのです。パウロの祈りがみなさんの祈りとなっているでしょうか。

みなさんの教会で、いつも期待して力強くパウロの祈りを祈ってみませんか。そして、みなさん自身の信仰生活のためにも。またパウロの抱いている、恵みに基づく宣教を、自分自身の宣教とすることはできないでしょうか。神の恵みによって、みなさんの教会を、恵みに満ちた共同体、多くの人を迎え入れる場所へとしていきませんか。それが教会の使命です。この使命を実現していくために、神の恵みは十分に与えられます。神の恵みが土台にあることをしっかりと捉えて、私たちは目を上げ、自分の与えられた役割を担っていきたいと思います。

（文責：武田将幸）

あとがき

２０２０年２月に開催された日本ケズィック・コンベンションおよび各地区ケズィック・コンベンションの説教集『神の愛に満たされて』を、ここにお届けします。

ケズィックは、イギリスの北部の湖沼地帯にある観光地で、１８７５年以来、毎年この場所で聖会が開かれてきました。多くの傑出したスピーカーが立てられ、講壇から神のことばが語られました。日本では１９６２（昭和37）年、ワールド・ビジョンの後援によるクリスチャン修養会「日本キリスト者修養会」が箱根湯本三昧荘で開催されたことが基盤となり、後にイギリスのケズィック本部の了承をえて、「日本ケズィック・コンベンション」と名乗るようになりました。毎年２月〜３月、日本の各地において集会が開催され、主講師をお招きして沖縄、九州、大阪、神戸、京都、奈良、森林公園、東京、東北、北海道でケズィック・コンベンションが開催されます。

ケズィックのテーマは「みなキリスト・イエスにあって一つ」（ガラテヤ3章28節）ですが、講壇から語られるメッセージは、クリスチャン生涯における「実践的、聖書的、個人的ホーリネス」を目指しています。排他的でなく包括的、神学的でなく聖書的、教団・教派的でないこと、教派を持ち込まず教派を生み出さない、ケズィック教派とならないこと、特定の教理によらず聖書全巻的な調和の中からの語りかけに聞き従うこと、などが特色です。

２０２０年の日本ケズィックは、新型コロナウィルスがひたひたと迫ってくるのを感じながら、２月末時点で最善と思われる対策を講じつつ行われました。立てられた講師は、ジョン・リスブリッジャー師（英国ケズィック前委員長）、アリスン・リスブリッジャー師、ジョン・オズワルト師（米アズベリー神学校元校長）、千代崎備道師（ホーリネス池ノ上キリスト教会牧師）、横田法路師（日本イエス油山シャロームチャペル牧師）、鎌野善三師（日本イエス西舞鶴教会牧師、大阪ケズィック委員長）でした。スティーブ・ブレディ師と、錦織 寛師（ホーリネス東京中央教会牧師）の地区大会での説教も本説教集に収めることができました。

また、録音されたメッセージを原稿にしてくださったのは、阿部頼義師（エヴァンジェリカル・コングリゲーショナル・チャーチ、グレース ガーデン チャーチ牧師）、峯野慈郎師（独立新生葛飾キリスト教会牧師）、又吉里子師（コイノニア・クリスチャン・チャーチ牧師）、土屋和彦師（ホーリネス相模原キリスト教会牧師）、錦織博義師（ホーリネス隠退牧師）、佐久眞武三師（ウェスレアン・ホーリネス沖縄第一聖潔教会牧師、沖縄ケズィック委員長）、横田法路師（前出）、山本達理師（チャーチ・オブ・クライスト・ニュージーランド大阪教会牧師）、武田将幸師（同盟新札幌聖書教会伝道師）でした。心より感謝いたします。

また編集・出版に際しては、田畠照子姉（ウェスレアン・ホーリネス浅草橋教会員）、西脇久仁子姉（ケズィック事務局）、安田正人兄（株式会社ヨベル社長）にお世話になりました。

新型コロナウィルス禍にある諸教会、信徒、また日本社会全体に、この小さな書物が、慰め、励まし、希望となりますように。

２０２０年９月29日

日本ケズィック・コンベンション中央委員会
出版担当　大井　満

2020 ケズィック・コンベンション説教集

神の愛に満たされて

Overflowing Love of God

2020 年 11 月 30 日　初版発行

責任編集－大井　満

発　行－日本ケズィック・コンベンション
〒 101-0062　東京都千代田区神田駿河台２－１　OCC ビル内
TEL 03-3291-1910（FAX 兼用）
e-mail：jkeswick@snow.plala.or.jp
発　売－株式会社ヨベル
〒 113-0033　東京都文京区本郷４－１－１
TEL 03-3818-4851

印　刷－中央精版印刷株式会社

配給元－日キ販　東京都新宿区新小川町 9–1　振替 00130-3-60976　TEL03-3260-5670
ISBN 978-4-909871-32-9　Printed in Japan ⓒ 2020
